日本神之散戶cis，發一條推特就能撼動日經指數！

主力的思維

The Investment Philosophy of a man
who is able to move the Nikkei Stock Average himself

一人の力で
日経平均を動かせる男
の投資哲学

cis——著　賴惠鈴——譯

目錄

CONTENTS

推薦序

前言

1. 先戰勝本能，投資才有勝算 47

持續上漲的股票就會再漲，持續下跌的股票就會再跌。

2. 能創造假設的人，才能戰勝股市　75

在市場上，第一隻泥鰍堪比人間美味，
第二隻泥鰍也還算好吃，第三隻以後就吃不出味道來了。

3. 冷靜審視市場與自己，是邁向勝利第一步

追逐行情是追求獲利、承擔風險的行爲。
投資一定有風險，害怕風險的人不適合玩股票。
爲了出奇制勝，即知即行也很重要。

4. 職業是專職操盤手 123

誕生在能善用「很會玩遊戲」這項技術的時代眞是太好了。
交易不過是「搶奪金錢的遊戲」，現在的我不過是專職操盤手。

7. 給接下來要投資股票的人 201

危機與轉機只有毫釐之差，
活力門事件曾經讓我幾乎是一瞬間就損失了五億圓。

附錄

賭場贏家，也是股市贏家 235

行情只會上下波動，所以不是進場就是退場。
這方面與打麻將或玩撲克牌有異曲同工之妙。

推薦序

側寫 cis：不畏失敗、徹底重視邏輯的遊戲玩家

日文原書編輯　福地誠

台灣的各位讀者，大家好，我是福地誠。平常負責撰寫、編輯與麻將有關的書，因此與 cis 結緣，這次有幸參與本書的編輯作業。很高興能與台灣讀者分享這本書。請容我簡單的介紹 cis 這位不世出的投資人在我眼中有多厲害，他是如何建立起二百三十億日圓的資產，甚至被譽為「憑一己之力撼動日經平均指數的男人」。

我們在 2ch 認識

我認識 cis 已經是十年前的事了。

我們並非在現實生活中的場合相遇，而是在網路上的留言板 2ch 麻將討論串（這裡當然是指日式麻將）認識。我對他怎麼會取「死」①為暱稱很好奇。這個名字取自於「所有在遊戲上挑戰我的傢伙都死了」的意思，當時 cis 在股板已經擁有呼風喚雨的知名度。

那個時候的麻將板經常出現發下「兩週內打到網路麻將等級最高那一桌」的豪語並試圖加以實現的新手。

但這種人通常都無法實現自己發下的豪語，就摸摸鼻子消失了。再也沒有比看他們落敗求去的糗樣，更令人通體舒暢的事了，剛開始 cis 的出現對我來說，就是這樣的存在。

只不過，他跟別人有點不一樣的地方是，他一開始發下的目標是

「三個月內打到網路麻將等級最高那一桌」，目標時間比較長。實際上，他只花了兩個星期就達成這個目標，真有一套。

另一方面，當他打到等級最高的那桌，一開始屢戰屢敗，每次都以迅雷不及掩耳的速度敗下陣來。起初他還嘴硬的說：「這裡只不過是老子練功的地方，如果想在這裡獲勝，就不要和我同桌。」但是從這個時候開始，他不再大言不慚，反而一逕哀嚎：「啊啊啊啊！不行了，我要輸了。根本沒有勝算嘛，我以前到底是怎麼贏的？」

無論是玩股票還是打麻將，他的反應總是這麼極端，不是發下豪語就是發出哀嚎。不愧是 2ch 的鄉民，充分體現了網路時代的生態。

可是 cis 與其他新人不一樣的地方就在於：即使處於這樣的狀態，他也不曾放棄網路麻將，而是不屈不撓的繼續玩下去，在過程中逐漸習慣輸得一敗塗地的狀態，然後反敗為勝。

①cis 的日文發音與死相同。

我曾經獲邀參加由 cis 舉辦的麻將聚會，那是我第一次見到他本人。他的麻將真的打得很好，即使我已經見識過許多日本的專業麻將玩家，他在我眼中仍是不折不扣的強者。

很會打麻將的人，多半是靠著一場一場實際對戰累積下來的經驗闖蕩江湖，但我覺得 cis 是最早採取先進戰術的強者。

在場有許多投資人，他們的氣質與專門打麻將的人不大一樣，感覺比較像是數字狂。

「這張牌在這種情況下的放槍率大約為十二%吧？還是十四%呢？」像這樣對細微到不行的數字差充滿興趣，令人印象深刻。

假設思考的天才

好像寫太多麻將的事了，真不好意思，誰叫我的本業是麻將寫手呢。

來聊聊與麻將無關的事吧。為了寫這本書，我問了 cis 非常多問題，他的答案每次都令我跌破眼鏡。太厲害了，這個人是天才吧……我只能這麼說。

我的感想是——如果是在麻將桌上，我還能跟 cis 一較高下，但如果是規模比打麻將更大的遊戲，也就是在股市裡，我下輩子、再下輩子都不是這個人的對手！他具有驚人的觀察力和構築理論的能力，能夠一再的建立假設，等到機會來臨再實際驗證他的假設，其中有幾成都能獲得豐碩的成果。

以本書提到的比特幣交易為例，為了買到遭強制停損的比特幣現貨，事先以便宜的價格設好買單的作法，真是太高明了。

以下引用部分書中內文：

「另外，虛擬貨幣還有一個特徵，那就是伺服器太脆弱，很容易當機。

不管是 bitFlyer 還是 Coincheck 或 Zaif，交易所的伺服器一旦過於忙碌就無法下單。這麼一來，價位的變動往往過於劇烈。從平穩交易的環境來看，其實還有待進步，但正因爲如此，才有可乘之機。（中略）

那麼要怎麼鑽伺服器的漏洞呢？

比特幣的幣値曾經一度超過兩百萬圓，到二〇一八年卻開始不斷下跌，於是我預測跌破一百五十萬圓的時候，可能會發生很多自動停損（由系統以自動執行的方式強制賣出）的狀況，利用財務槓桿投資的人，可能都會被自動停損。

bitFlyer 的伺服器很脆弱，暴跌時將無法下單。

我想買下因此被自動停損的所有比特幣，事先下好從一百二十萬圓分批一次買進一百比特幣的單。

要是能順利成交就好，就算無法成交也可以取消。大約十天後，bitFlyer 眞的無法下單了，我的買單陸續承接到自動停損單。一旦下單系統恢復正常，就撿不到這些單，但因爲下單系統動彈不得，事先下好的買單都陸續成交了。

這時我並不擔心幣值漲不回去，因爲海外的比特幣值始終在一百四十五萬圓上下盤整，而我的買單設定爲一百二十萬圓左右，所以我確定至少會回到與海外交易所差不多的價位。過去比特幣在日本一直處於溢價的狀態，因此我打算漲到比海外交易所的牌價再多百分之五，就陸續賣出。就算有什麼狀況，只要花點手續費，移轉到海外再賣即可。

結果我在漲回一半的階段賣掉，賺了一億五千萬圓左右。

世界上充滿了這種漏洞。」

重視邏輯更甚於金錢的遊戲玩家

厲害的遊戲玩家，有以下幾種。

一種是具有異於常人的堅強意志力，我認為玩格鬥遊戲的梅原大吾就是這種人。另一種則是很懂得拿捏與人之間的距離，這種人多半是擅長格鬥技的人，我認為目前在日本麻將聯盟賽十分活躍的前原雄大及佐佐木壽人都是這種人。

其中最多的莫過於各種遊戲都很在行的類型。以前主要是將棋或圍棋這種桌上型遊戲或縱橫賭場之類的賭博遊戲，現在都往網路遊戲發展了。我認為 cis 屬於這種人。

也有像將棋界的天才高中生藤井七段那種極度痛恨失敗，對勝利的執著異於常人的人。

cis 倒不是這種人，他的特色在於徹底重視邏輯。重視邏輯的背後可以感受到他其實並不在意結果，「就算輸了，只要輸得有價值，我依然心存感激」這種感性在厲害的遊戲玩家身上，其實很少看到。看起來雲淡風輕的 cis，背後是由小學時代培養起來的邏輯主義在支撐著他。

身為百獸之王，cis 卻不讓人覺得討厭，真不可思議。他非常穩重、寬容，從來不會自視甚高的瞧不起人。

一旦賺到天文數字的金額，專職操盤手很難保持精神上的平衡，很難以平常心過日子，這或許也是上帝的一個試煉。據說中了頭彩的人，變得不幸的機率遠比得到幸福高得多。

即使是擁有二百三十億日圓資產的現在，cis 的人生觀依舊是重視邏輯甚於金錢，聽說這點從小學就沒變過，從這裡也可以看出他異於常人的平常心。

如他所說「我的胳膊這麼細，打架也打不贏對方」，感覺他已經放棄在肉體上變得強大的念頭了。這種人一旦賺了大錢，很容易自以為天下無敵，或者想跟明星交朋友，但 cis 總是對別人抱著一份尊敬，認為對方一定有某部分比自己優秀。所以他才會善於傾聽，偷學對方的作法，建立起現在的行事風格也說不定。就連在不動產投資上被 cis 數落過的投資人降臨，也曾經不只一次的稱讚他：「那傢伙其實是個好人，很會給人做面子。」

除了有錢，同時也有充滿魅力的人格特質。正因為 cis 從未迷失自己，才能屢戰屢勝的一路走到現在。

本文作者　福地誠

日本知名麻將書籍作者兼編輯，精通麻將，與 cis 在 2ch（現已更名為 5ch）麻將板認識，兩人已有十年以上的交情。本書正是在他的大力促成下才得以問世。

推薦序

神級操盤手的關鍵制勝法則

「99啪的財經筆記」版主　99啪

你是否曾經好奇神級操盤手的成功祕訣？為何不論股市多空，他們都能擁有驚人的獲利能力？

二〇一八年在網路論壇PTT股板上，就出現了一個令我印象深刻的例子，在當時股債齊跌，幾乎找不到正報酬資產的背景下，有位網友tradow秀出他的錄影對帳單，藉由短線操作，不僅每月穩定獲利百萬以上，甚至兩度單月破千萬，最後整年度獲利七千多萬元。

事實上，網路世界中臥龍藏虎，過去也不乏這種例子，大家最好奇的，莫過於為何他們能長期達到如此驚人的績效，可惜這些神人通常很低調，幾乎不接受採訪，更遑論出書或開班授課，凡人往往不得其門而入。

不過在本書中，作者首次為大家揭開了這層神祕的面紗，因為同樣是日本網路論壇知名的神級操盤手 cis，去年大賺十二億日幣，號稱「能撼動日經指數的最強股市主力」，公開了他在十六年內獲利二百三十億的成功祕訣。

本書是作者自傳式的心得分享，閱讀過程輕鬆有趣，對於書中提出的觀點也頗有啟發及共鳴，更特別的是，他顛覆了一般人對於神人的想像及刻板印象。

比如作者也沒有過人的選股能力，個股勝率僅三成，當天完成的操作也只有六成的勝率。我在國內期貨天王張松允的著作《從二十萬到十億》中，也曾看過類似的說法，他統計自己個股勝率也差不多只有五成。

那麼，為什麼這些高手會有如此驚人的績效呢？書中提到幾項重要的制勝法則：

一、熟悉各種商品操作，有完整的交易系統

作者除了現股之外，也會搭配各種衍生性金融商品的操作，而且對於投資組合會不斷汰弱留強、順勢操作和適時停損，他們追求的不是勝率，而是整體資金的成長。

過去我在操作中小型價值股時，也是類似的觀念及作法，利用其波動較高的特點，搭配系統性的動能操作，藉此達到長期大賺小賠的目標。

二、不信明牌，只信獨立思考後產生的洞見

作者強調不要相信任何媒體或專家的股市分析，因為那些大眾已知

的常識或訊息，對投資毫無幫助，最好的方式是直接向市場學習，經觀察、獨立思考後產生的洞見，才有價值，擅長創造假設的人，就能戰勝股市。

他以抓泥鰍來比喻，第一隻泥鰍最美味但要抓到很困難，第二隻也好吃，只要有心不難找到。但等到全世界都知道才去做，就像第三、四隻泥鰍一樣，食之無味。

三、果決的行動力

除了要擁有個人洞見外，作者更強調要有行動力。願意承擔風險，行動果決的人比較適合投資。

就像他在著名的 J-Com 股票錯帳事件中，僅僅花了二十秒思考，就買下實際成交量的二五％，然後為了避免交易無效，又在十分鐘漲停後快速賣出，最後暴賺六億日圓，但同時間很多知道訊息的網友，卻遲遲不敢行動。判斷及行動力的落差，往往決定了投資人績效的差異。

四、研究股市的熱情

作者把股市當成是高度融合技術與偶然性、風險、獲利的遊戲，對於研究股市有高度的熱情及興趣，並且用從小研究賭博遊戲的精神，不斷鑽研精進自己的技術。

書中提到，他全盛時期會半夜多次起來看盤或思考如何操作，也曾在旅途中特別搭機往返家中，只因為當天股市有開盤，可見投入之深。

同時他也分享如何將賭博經驗應用在投資上，巧合的是，我也曾經花很多時間在類似的賭博競技遊戲上，而且感想和他一樣，玩到後來，股市才是規模最大，也是最吸引我的遊戲（賭）場。

至於，書中其他更多精彩內容，就留待讀者自行細細品嘗。神人的績效或許無法複製，但作者所分享的寶貴心得及經驗，卻非常值得大家深入學習及思考，只要看完書後，再內化為自己的投資心法及技巧，相信讀者也有機會掌握遊戲制勝的關鍵，成為更優秀的操盤人。

推薦序

主力的思維在這裡，你的思維呢？

暢銷書《一個投機者的告白實戰書》、《高手的養成》、《散户的50道難題》作者　安納金

本書作者cis堪稱日本最神的操盤手，他在二〇〇五年日本股市知名J-Com事件一戰成名，賺入六億日幣而聲名遠播，當時我心想，這位出手快、準、狠卻又極端遵守紀律的投機家，未來是會自覺賺夠了而收手，隱姓埋名過著有錢有閒真正財富自由的日子，還是如經典巨作《股票作手回憶錄》當中的傑西．李佛摩那樣，持續在市場中進出，成為一舉一動都足以撼動股市的重量級主力作手。

作者操作得相當成功，也幾乎不接受任何報章媒體採訪。在我閱讀完此一著作之後，充分理解到他之所以能夠從市場中獲取巨額財富的主因，在於恪守所擬訂整套且嚴謹的投機交易紀律。他認為股市是高度融合技術與偶然性、風險、獲利的遊戲，選擇以當沖交易為主，而且幾乎不做任何長期投資，從社會的觀點來看，這根本稱不上「投資」，但卻是標準的「投機交易」典範。

例如作者提倡「順勢操作」，買進正在上漲的股票，不買正在下跌的股票；買進的股票一旦下跌，當下立刻賣掉，而且杜絕加碼攤平。書中提到，若統計進出每支股票的勝率，他大概只有三成左右的交易能賺到錢，剩下的幾乎都以小賠收場，如此看來勝率似乎不高，但重點在於下跌時候的立刻執行停損，而所持有上漲的部位帶來的獲利，就可能達到小賠損失金額的十倍、二十倍，那麼整體加總來說，資產確實是持續正向增值的。這樣的觀點和執行技巧，就是典型的投機交易贏家們所使用的方法，儘管相對於中長線價值投資人來說，立場可能完全背道而馳，然而，金融市場中即便是在同樣一個標的、同樣一個價位，短線投機者認為短期股價將下跌而採取放空交易，中長線價值投資人則利用拉回持續買進，兩方操作模式誰對呢？其實都對，只要能夠嚴格遵守各自領域的教條，有完整的一套獲利策略，成功之道不會只有一種。

作者自述，他是從講求勝算機率與洞察人心的麻將和撲克等牌類遊戲中所得到的啟示，因此，此書不僅僅記錄其在股市積聚的交易心得，當面對人生的各種考驗時，也或許能夠有參考價值。投資大眾或許心存質疑：「從事短線投機交易是好的選項嗎？」事實上，金融市場夠大，永遠容得下各種投資人，每個人都能夠透過一定的紀律和原則來獲取利潤，因此，沒有最好，只有適不適合罷了。況且投機交易者的進出相對頻繁、交易量大，是每一個市場流動性的主要貢獻者，倘若全市場只有長線投資人做買進且持有不賣，那麼股市將形同一灘死水，更少了反向的修正力量，市場是很容易形成長期偏離合理價值的。

我認為，每個人都應該先深切的了解自己的風險偏好，尋求能完全認同的投資哲學和交易邏輯、交易頻率、交易工具，擘劃出整套相輔相成的投資交易系統，這就是我常引述的武學三境界「見自己、見天地、見眾生」當中的「見自己」，也是一切投資交易的基礎。市場永遠會以不同的走勢，來考驗你是哪一種投資人？有沒有一套屬於自己的完整系統？還是人云亦云、隨波逐流？我認為要學就要學到位、學得徹底，不能學得四不像，好比有些人不論什麼神都盲從膜拜，結果導致思想與行為相互混淆、自我內在的衝突不斷的反芻，最後窮極一生一無所獲，才抱怨說：「都沒有神要眷顧我！」

此書論述雖著重在給予追求短線投機者的交易指南，然而無論您是否崇尚此道，不妨多了解這些偉大投機交易者是如何經由嚴謹的紀律而達到如此超凡的績效紀錄。世界夠大，絕對可以容得下任何人的成功，祝福您也能夠找到屬於自己的一套投資哲學，成就自己如同作者能優游於市場並且充分享受人生。

願善良、紀律、智慧與你我同在！

推薦序

成功來自於對事物的專注與熱情

專職操盤手 金湯尼

不同於坊間的教科書式的財經書籍，本書用極為平易近人、好讀不艱澀的文字，記載著真實市場贏家的心路歷程。

就像電影一代宗師裡，葉問的經典名句：「功夫，兩個字，一橫一豎，對的，站著，錯的，倒下。只有站著的才有資格說話。」cis 經年累月在這個爾虞我詐、瞬息萬變、危機四伏又吃人不吐骨頭的金融市場當中，經過一次又一次的戰役洗禮，仍能屹立不搖，進而從市場當中獲取極大的成功與財富，裡頭所分享的，除了對於金融市場的認識和操作上的心得，字裡行間更能讓我們看到頂尖操盤手所具備的人格特質，和其對交易的專注與熱情。

正如同你我一樣，cis 也是一般散戶出身，並沒有顯赫的學經歷和家世背景，但他毫無疑問的已經是這個領域裡的典範，在這個遊戲當中不停的探索破關的方法，找出戰勝對手的套路，有極高的熱情並且樂此不疲。

踏入社會以來，我的工作絕大多數都與交易相關，目前所累積的資產，大部分也都來自於真槍實彈的在市場上交易而來。讀這本書時，好幾個段落都讓我會心一笑，笑的是作者怎麼可以那麼中肯的講出實話，不留情面殘酷的點破真實交易的面貌；另外也對書中專職交易的酸甜苦辣心有戚戚焉，好幾次讀到書中段落精彩處，都不自覺的想當面握著他的手，大喊：「真的！」

短線交易與長期投資不同，不看遙遠的未來，把握眼前的當下，哪邊有機會就往哪邊去，讓自己的子彈效益最大化。在每一個決策的當下，讓自己處於最有利的位置出擊，想盡辦法放大獲利、避免重傷，這是交易大道至簡的法則。想要舉起玄鐵重劍揮舞自如，自然也要有極為深厚的內功底子。讀完本書 cis 的真實贏家交易人生，一定能讓你接下來的操作有更多的啟發。

推薦序

無招勝有招的投機哲學

投資達人　麥克風

cis 何許人也？他是日本散戶心目中的交易之神，但知道他真實姓名的人屈指可數；他從西元二千年的三百「萬」日圓起家，在二〇〇五年的瑞穗銀行錯帳事件瞬間賺入六「億」日圓，到二〇一八年時身價已經高達二百三十億日圓，這十八年間的年化報酬率高達六〇%以上；他以當沖為主，平常在家穿著睡衣下單，不關心基本面，也不大看新聞，主要靠觀察股價波動和推特上的訊息決定買賣。

他只是一介散戶，卻是顛覆市場常識的男人：他的推特有數十萬人關注，其中不乏機構法人的操盤手；他跟川普一樣，發一條推特就有影響指數的能力。

如果你期待這本書裡面，有什麼讓你像 cis 一樣短期致富的密技，那可就大錯特錯。他在書中一開始就提到，江湖一點訣，說出口就不值錢：你在其他理財書中讀到的「祕訣」，多半已經失去了獨特性。這本書企圖傳達的是交易更加核心的部分：像是不要預設立場、順勢操作、大賺小賠、嚴控風險、在市場恐慌的時候大膽投入。

雖然我跟他的操作風格完全不同，但從閱讀的過程中，我可以充分感受到他有多麼熱中於破解規則。他不僅在自己喜愛的線上遊戲中玩到頂尖，也把同樣的研究精神用在賭博上，從學生時代就靠著網路上公開的小鋼珠攻略法，加上自身在各家小鋼珠店的觀察，從中尋找獲利機會，找到有漏洞的機台時，為了提高效率甚至還請人輪班去打，從表面上看起來長期穩輸的遊戲當中，累積到二千萬日圓的存款。

之後因緣際會，他參加了一場 2ch（日本網路論壇，現名 5ch）股票板的聚會，奠定了他之後交易模式的基礎，即專注於「眼前的優勢」。

他的操作屬於動能派，追漲殺跌，專注尋找當時的題材主流，持有最強勢、波動最大的股票，大膽運用槓桿，企圖把獲利最大化。

最幸運的是，雖然他把交易當作一場遊戲，但這個樂趣還可以讓他賺到常人無法想像的巨大財富。我自己認識幾位在台灣算挺成功的短線交易者，偶爾也會聊到彼此的操作模式，其中有許多都可以和書裡的內容交互印證，這本書讓我了解到雖然國家不同，成功短線交易者使用的方法其實驚人的相似。

統計數據告訴我們，多數人無法從交易中獲利，與其自己買賣，不如把錢投入指數型基金，但世界上總是有些像 cis 這樣的「離群值」存在。若一個投資人只是在多頭期間，靠少數幾筆交易致富，或許可以懷疑這純屬運氣，但是 cis 的績效是靠大量的短線交易所堆砌起來，依據彭博社對他的訪問，他二〇一三年的交易額高達一兆七千億圓，一個人的獲利就占全日本散戶的〇・五％！即便短線交易需要負擔遠比中長線高的交易成本，他依然能在這樣的不利因素下，繳出不可思議的成績單。

最後還是要重申，我不建議任何散戶做短線，一般人把這本書的內容當作奇人軼事看就好，畢竟市場贏家永遠是少數：一個像 cis 這樣的股神，背後是大量看不到的輸家。但如果你跟他一樣對交易有「愛」，且認真考慮以此為生，那這本書應該會是個不錯的起點，認真吸收書中內容之後，肯定能讓你少走一些冤枉路。模仿他的思維模式，抱著破解遊戲的精神，在市場中努力找到屬於自己的獨特優勢吧！

前言

追求簡單，
才更不簡單

感覺和小時候沒什麼變，一方面又覺得自己已經是個不折不扣的大人。小孩都生了三個，但又覺得自己好像完全沒長大。

我是一位個人投資者，西元二千年，我二十一歲的時候，用三百萬圓（編按：本書所述之貨幣單位，若沒有特別標示者，均爲日圓）開始正式進入投資市場，截至二〇一八年十一月的資產為兩百三十億圓。我好像還算是小有名氣的投資人，還曾受邀到長青綜藝節目《笑笑也可以！》參加節目錄影①。或許有人是透過推特或網路論壇 2ch② 的股票板，或者熱門金融投資部落格網站「全力把股價抬到兩層樓高」（市況かぶ全力2階建）上的〈憑一己之力撼動日經平均指數的男人〉這篇文章認識我的。

提到投資人，各位或許會想到認同某企業經營理念，繼而透過買該公司股票期待企業成長後獲得經營分潤的人，但我並不是這樣的投資人。說穿了，我的投資方式比較類似電玩玩家或賭徒，而我真的是個遊戲玩家，也嘗試過賭博，所以判斷股票行情對我來說，就像是一場遊戲（賭博）。

我不認為從事金錢交易的股市有什麼特別之處，只覺得確實是一種非常好玩的遊戲，而且是高度融合技術與偶然性、風險、獲利的遊戲。我的投資風格主要是當沖[3]，幾乎不做長期投資。如果從一般社會觀點來看，我的方式根本稱不上投資，純粹是一把定勝負的投機。

我把自己面對股票行情[4]時如何思考、如何行動、如何出奇制勝的

---

①已於二〇一四年三月三十一日停播，播出時間長達三十二年。

②日本超大型網路論壇，採匿名制，用戶破千萬，為巨大的留言板群，由無數討論串構成，現已更名為5ch。

③Day trading，當日沖銷，簡稱當沖，金融市場上的一種交易行為，指為了從當日證券或商品價格的波動中賺取利潤，或是在股票或金融期貨市場上買進或賣出後，為了避免價格波動的風險，在當天進行拋補以軋平頭寸，而在同一日買進及賣出同一檔金融商品的投機式交易。

④一種證券市場用語，指股票交易所內各檔股票的漲幅變化及交易流通情況。

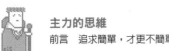

方法，整理成這本書。雖然內容主要是講股票交易，但我認為這本書連對股票不是很了解的讀者也可以閱讀，因為我會在書中提及，我從打麻將和玩撲克等講求勝算機率與洞察人心的牌類遊戲中所獲得的啟示。不只是在股市打滾的心得，我希望各位在面對人生的各種考驗時，這本書也能提供一些有用的參考。

關於我如何靠股票賺錢的方法，或許讀者讀完後會覺得我好像講得很淺顯簡單，但我要向各位讀者坦承，和其他投資人相比，我確實沒做過什麼特別困難的事，我的哲學是事情能簡單就盡量簡化。可也正因為追求簡單，所以如何將關鍵與重點提煉出來，成為一件沒那麼簡單的事。

再者，「理解」與「實踐」相隔十萬八千里，知道是一回事，做又是另一回事。反過來說，這也表示大部分的人都有機會。一般人都以為手頭握有資金的人比較有利，其實正好相反，有錢人的投資效率並不高，總資產不到一千五百萬圓的人，反而有無數讓資產翻倍的機會。就像玩角色扮演遊戲時，任何人都能從第一級提升到第十級那樣，我在這本書裡寫了很多有關這方面的心得。

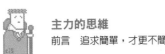

我個人一直認為，閱讀一本如何從股票致富的書基本上並沒太大幫助，因為從印成鉛字、出版成冊的那一瞬間，書中的致富方法就已經失去獨特性。說得極端一點，玩股票就跟猜拳沒兩樣，這就好像在書中與大家分享最近的猜拳趨勢是出拳頭，所以建議在出剪刀後如果雙方平手，下一手要記得出布一樣的情報，然而「江湖一點訣」，只要說出口就不值錢了。所以我在這本書裡，寫了那些股票相關書籍都沒提到的更屬於根本與核心的部分，希望能對各位讀者有所幫助，而不是一味盲目跟風。

小有名氣後很多雜誌及電視都邀約說要採訪我，但我幾乎都拒絕了，因為我壓根沒有想往名人之路邁進，就風險管理的角度來說，在媒體露臉只有壞處沒有好處，而且通告費或酬勞還得報稅，非常麻煩，所以我其實也沒想過要出書。

之所以會出這本書，無非是認識十年以上，我非常熟識的編輯福地誠先生向我提出邀約。平常我是個幾乎不看書的人，但唯有福地先生編輯的書，我基本上都會看，對他極度強調邏輯的思考模式產生非常強烈的共鳴，所以我心想，這本書若經過福地先生的編輯，一定會變得很好看。

日本自一九九九年實施證券交易手續費的自由化，此後從事當沖交易變得更無後顧之憂。此後從事當沖交易變得更無後顧之憂[5]。前面提到的網路大型論壇 2ch 亦於一九九九年成立，而我也是在這時初次接觸股票，所以我可說是金融大改革與網路發達的第一代受益者。過了將近二十年，如今又得開始面對演算法及人工智慧等新型態的競爭對手。

每日的狀況瞬息萬變，艱困的挑戰一關接一關，有時候一不小心就會賠得很慘。這便是讓我覺得，股市如此迷人之處。

---

⑤日本在泡沫經濟崩潰後，於一九九六年開始實施的金融大改革政策之一。由於證券公司可自由訂定手續費用，部分網路證券公司甚至將手續費降至零元或舊制規定的九〇%以下，大幅降低當沖的交易成本。

1.

先戰勝本能，投資才有勝算

持續上漲的股票就會再漲，
持續下跌的股票就會再跌。

順勢操作，勝算最高。

同為投資人，或者剛開始接觸投資的人對我說：「請給我一些建議」時，我通常都只會回答這句：「持續上漲的股票就會再漲，持續下跌的股票就會再跌。」

當股價處於上漲趨勢，認為還會繼續上漲，所以決定賭一把買進稱為「順勢操作」；如果是預測下跌的股票會反彈上漲，則稱為「逆勢操作」。

由於兩種情況都有可能發生，所以兩種情況也都有人操作，但我基本上只談「順勢操作」。

因為大部分的人和資本都在股價上升時買進、下跌時賣出。既然大部分的人都這麼操作，肯定有他們的理由。

我不敢說百分之百是什麼原因，或許有人是基於明確的原因買進，別人只是看他買進才跟著買，要當事後諸葛的話，理由要多少有多少，無法一一說明。

然而，倘若現在買進會促使股價推升、賣出會促使股價下跌是明確的事實，那麼順著市場趨勢操作，勝算最高。

當初我尚未理解這個大原則，所以開戶後才過大約兩年半，手頭的三百萬圓就賠到只剩下一百零四萬圓，因為我還另外投入相當多的存款和薪水，所以大概虧了一千萬圓。這是因為我沒有正視真實情況，反而盲信自己的判斷，這點後面會再仔細說明。

買進正在上漲的股票，別買正在下跌的股票。

買進的股票一旦下跌，就賣掉。

買股票不要與市場趨勢作對，而且要比任何人都更早注意到趨勢的變化。

我之所以能累積到現在的財富，就是因為遵守這個大原則。

真正的隨機，比你以為的還要殘酷

機率、統計學的定理中，有所謂的「大數法則」。意思是「只要增加次數，算術平均值就會逐漸接近期望值」。以丟銅板為例，出現正面的機率，與出現背面的機率即使各為二分之一，如果丟的次數不夠多，一直出現正面或一直出現背面也不足為奇。唯有不斷投擲硬幣，出現正反面的次數，才會逐漸平均。

銅板只有正反兩面，不容易看出平均值，所以不妨改用骰子來思考。

擲骰子會出現一到六的數字，如果只擲幾十次，可能會一直出現特定的數字，有些數字遲遲擲不出來，使人懷疑「上帝是不是偏心？」但這種現象並不稀奇。

概念上的隨機，多半給人分散得很平均的印象，但是從微觀角度來看，其實很容易側重一方。

現實中的隨機很殘酷。

沒有人會乖乖的選擇真正隨機時，理當出現的結果。

這種現象經常出現在我愛打的麻將上。

就像你同時可以聽很多張牌的時候，牌堆上也還剩下很多牌，卻被在等唯一一張嵌張[1]的對家自摸了，這種被機率背叛的狀況要多少有多少。

可是，多數人只注意到機率和平均值。

舉例來說，投了十次銅板，出現十次正面，若說接下來會擲出正面還是背面，機率是一半一半，可大部分的人很容易傾向於「接下來差不多該出現背面」的想法。

換言之，因為人會期待出現期望值，總會以為結果會隨機各出現

---

①通常是指順子牌型中間那張牌，舉例：手中的順子牌型是四、六，少一張五，這張五就是俗稱的麻將嵌張。

一半，這是自然的感覺，也是本能。

所以即使是完全建立在機率上的遊戲，也會出現一面倒的結果。**更何況股票原本就不是機率的遊戲，最好做足「無法取得平均值很自然」的心理準備。**

持續上漲的股票就會再漲，持續下跌的股票就會再跌。

人很容易落入「現在雖然正在上漲，但遲早會反轉」的陷阱，之所以會這麼想，就只是囿於「遲早會取得平衡」的印象。

自以為「沒有永遠上漲的股票，所以遲早會下跌」，認為股價遲早會反轉。

可以確定的，只有目前正在上漲的事實，誰也不知道會漲到哪裡。

基本上請不要預設立場，上漲的時候就要勇敢進場。

持續上漲的股票稍微下跌時，沒有人知道那只是一時的下跌還是反轉向下，光是有人獲利了結就會讓股價稍微下跌。

以我為例，我通常不在意微幅的波動，而是下跌到一定程度才賣掉。就股市用語來說，持續上漲的股票暫時下跌稱為「回檔」，我多半在第二次回檔的時候賣掉。

千萬不能在「回檔時買進」

同樣的，切勿在「回檔時買進」。

我先為不懂股票的人解釋一下，回檔時買進，指的是在上漲的股票稍微下跌時買進。

即使是不斷上漲的股票，只要有人獲利了結就會暫時回檔，趁機買進的行為就稱為「回檔時買進」。

購買已經漲很多的股票時，很容易產生「是不是已經錯過進場時機？」的疑慮。倘若買在高點，一旦開始下跌就會坐立不安，基於不想買貴的心理，很容易鎖定回檔時買進。

為了小心駛得萬年船，即使是看起來前途無量的股票，或許也會底氣不足的想在稍微便宜一點的時機買進。

回檔時買進是在下跌的時候買進，所以是一種「逆勢操作」。換句話說，是一種萬萬不可的買法。

這會違反買進上漲股票、賣出下跌股票的基本心法。

有句格言是「愈是等回檔，股價愈是一去不回頭」。

如果是持續上漲的股票，可能等半天也等不到回檔，就算想利用稍微拉回的時候買進，可能也沒這個機會。這句格言也表示，回檔時買進並不是正確的方法。

「在稍微下跌的時候買進」或「想趁便宜的時機買進」的想法，原本就不對。

倘若你認為上漲的股票還會繼續上漲，基本上就要立刻買進。

漲了一波以後才覺得「是不是已經錯過進場時機了？」是源自認為股價遲早會取得平衡的想法。

沒有人知道會漲到哪裡。

別去想「是不是已經太遲了？」而要想「如果還在上漲就表示會繼續上漲」，大膽的買下去就行了。

開始下跌就賣掉，這時才會知道「是不是已經太遲？」是杞人憂天，還是真的不安。

沒有人知道什麼時候會反轉。

預測反轉的時機或價格，只是一廂情願的揣測。

行情的事，只有行情才知道。

只顧著「停利」會錯失大波段

「停利」，是「獲利了結」的簡稱，意指趁股價或匯率比買進的價格高時賣出，換成現金，入袋為安。反之，「停損」則是明知現在賣掉會賠錢還是賣出，認列損失。

即使買的股票上漲，一天不賣掉停利，就不算賺錢。基於「萬一下一瞬間下跌，好不容易得到的帳面利益就會泡湯」這樣的不安，所以有人會動不動就停利。

例如以一千圓買進的股票，跌到九百圓或八百圓卻遲遲不賣出，一旦漲了五十圓或一百圓就覺得「賺到了！」，然後立刻賣出。

認賠是很痛苦的事。買進的股票即使下跌，只要不賣就不用承認虧損。反之，買進的股票上漲時，是人都想賣出停利，我猜這是基於想確認「我贏了！賺到了！」的心態使然。

基於這樣的心態，人會順著本能採取放著下跌的股票不管，上漲的股票馬上賣出停利的作法。

實際上，玩股票的必勝心法的確會勸人在上漲到一定程度就要停利，也經常可以看到「買進的股票一旦上漲，就要賣掉一半，先入袋為安一部分」的理論。

股價不是上漲就是下跌，要是有源源不斷獲利的可能性，當然也會有失去一切的風險，如果把停利當成是抑制恐懼的方法，倒也無可厚非。

可是在趨勢向上的時候停利，絕不是聰明的方法。

下跌到八百圓的時候最好立刻賣掉，但是上漲到一千一百圓的時候最好不要賣掉。

這跟前面提到「順勢操作」的想法如出一轍。

如果是目前正在下跌的股票，繼續下跌比止跌反漲的可能性高得多。反之，如果是目前正在上漲的股票，繼續上漲也比反轉下跌的可能性大得多。更準確來說，倒也不是可能性比較大，而是賺錢的可能性比較高。

重點不是勝率，而是加總的損益——有沒有這種概念，是能不能靠股票賺錢的關鍵。

我們不妨試著比較賺到一萬圓的喜悅，與損失一萬圓的悲傷，損失一萬圓帶來的傷感，肯定比較深刻。

為了避免損失，大部分的人都會傾向停利。

可是一旦停利，勝負就到此為止，從宏觀的角度來看，與失敗無異。

股價好不容易上漲，股票卻已經賣掉了，等於是確定了今天的勝利，卻捨棄了明天或後天的勝利。

所以，不能只看到眼前的獲利。

為了在股市裡賺到錢，目光必須放長放遠，反覆從事比較可能賺到錢的交易，每天的賺賠毫無意義。

以我為例，如果去計算每支股票的勝率，大概只有三成左右的交易賺到錢。

剩下的幾乎都以小賠收場，所幸賺到的金額是小賠的十倍、二十倍，所以就算勝率不高，總的來說還是有賺。

即使勝率不高，只要下跌的時候立刻停損，上漲的股票中，遲早會有幾支能賺到損失金額的十倍、二十倍。

從交易的效率來看，這樣比較容易賺到錢。

即使不斷有些小額損失，只要偶爾能大賺一筆就行了。反過來說，要特別注意只有一堆蠅頭小利，但偶爾損失一次就差點傾家蕩產的狀況。

從這個角度來說，只顧著停利，反而會讓大魚溜走。

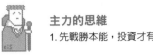

「攤平」是最差勁的技巧

「攤平」，是廣為人知的買股技巧之一。

買進的股票下跌時，藉由追加購買、增加張數的方式，降低平均購買的金額，此舉可以降低由虧損轉為獲利的門檻。假設買了一股一萬圓的股票，當這支股票跌到八千圓，等於損失兩千圓，如果要由虧損轉為獲利，至少要上漲到兩千零一圓以上。

這時，如果以八千圓再買一股，平均買進金額變成九千圓，這麼一來只要上漲到一千零一圓，就能由虧損轉為獲利，這就是「攤平」的概念。

從結論來說，攤平是最差勁的買法。

因為有時候，可能會一路攤到破產。

如同前面所說，玩股票的大原則是，買進上漲的股票，在上漲期間繼續持有，一旦下跌就賣掉。而攤平正好相反。

以為會上漲的股票買進後下跌固然失算，但是這種事經常發生，就連股市高手也難以避免。

棘手的是不肯承認自己看走眼。攤平是明知失敗還增加部位（＝提高賭金），與上述的大原則背道而馳。

這時就應該承認失敗，迅速撤退。

也就是停損。

攤平的概念是不肯承認失敗，明明已經被套牢還指望反敗為勝。

當然有時候真的能反敗為勝，但損失愈來愈大的可能性更高。

玩股票最重要的是迅速停損。

必須勇於認錯，盡可能把損失控制在最小的範圍內。

考慮到這點，攤平可以說是反其道而行的技巧。

已經停損的股票，再次上漲時可以買嗎？

以一千圓買的股票跌到九百圓或八百圓時，要再站回一千圓可能得等到地老天荒，反而很可能繼續下跌到只剩兩百圓或一百圓，血本無歸。

與其說小小損失不足掛齒，不如說根本無法避免。

重要的不是沒有損失，而是不要有巨大的損失。

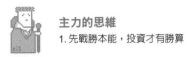

我能有現在的財富，都是建立在避免受重創的前提下。

從個股來看，我的勝率大約只有三成，但若單看預定在二十四小時以內完成買賣的交易，則大約有六成的勝率。反過來說，那也是我從事股票交易近二十年來，好不容易才達成的勝率。

若再拉長到兩週以上，則只剩下三成左右。即使是想長期持有的股票，一旦價格出現異常波動，我也會馬上停損，結果長期持有的只剩下漲勢凌厲的個股。

關於停損點則沒有任何數值上的標準。我會觀察價位波動，只要認為一小時後的價位會比現在更低，就立刻賣掉股票。

買進的股票下跌停損後，有時會再度飆漲，彷彿在嘲笑我做出停損這個愚蠢的決定，這時可以再次買進嗎？這也是個大哉問。

首先，要在停損的那一刻承認自己的失敗，承認當初買進是個錯誤的決定，認賠殺出，然後在漲到比自己賣出的金額更高的價位買回來，承認「停損也是錯誤的決定」。

或許有人不願意承認兩次錯誤。

但我不在乎面子問題，總是可以平心靜氣的操作。

我不會把每次的買賣視為勝負，所以不在乎。

買進的股票一旦下跌就賣掉，再買進上漲的股票。

當然每次都要付手續費，這個跑不掉，但也只能認了。

要是同一支股票買賣三次以上都看走眼，我也會承認自己看不懂那支股票，決定不再陷入「我是不是被整了？」的泥沼，就此收手，但我不會放在心上，繼續操作下一支股票。**拘泥局部的勝負，一點意義也沒有。**

計算幾賺幾賠，沒有意義

很多人都說賭博時，「見好就收」很重要。

這個說法，與只顧停利的心態大同小異。

考慮到注意力及體力，的確要見好就收，但是如果有勝算，繼續撐下去可以愈贏愈多。之所以想要見好就收，不過是出於凡事都會取得平衡的想法。

無論是哪個領域的勝負，之所以會產生「早知道當時應該見好就收」的念頭，其實只是在潮起潮落的人生中，找到一個安慰自己的說法，在思考如何賺錢的時候，一點意義也沒有。

有位名叫阿佐田哲也的作家寫了很多以麻將為主題的小說，漫畫《勝負師傳說》，就是以他為原型創作，年齡和我相仿的日本人或許都有印象。

這個人的小說和散文經常拿相撲當比喻，引用「順利的話八勝七敗，再怎麼順利也不過九勝六敗」這句話。不只競技，人生就是這麼回事。

例如《新麻將流浪記》這部小說中，年輕的主人翁打麻將大殺四方時，公寓卻突然失火了，當時人在公寓裡的未婚妻身受重傷。阿佐田哲也的意思是說，人生總是會得到一些，也會失去一些，沒有壓倒性的勝利，所以不管是輸贏還是工作，一帆風順時反而要步步為營。

從人生的角度來看，這話會讓人覺得有如醍醐灌頂。

可是從勝負哲學的角度來看，則毫無意義。

因為認為「上帝是公平的」的想法只有壞處。

以股票來說，計算幾賺幾賠，一點意義也沒有。

因為玩股票要考慮的並非勝率，而是加起來賺多少、賠多少的這種絕對值。

我無意否定「上帝是公平的」這種論調，只是奉勸各位，不要在交易時扯到這一類的論調，運氣或手氣這種想法，只會干擾必須著重邏輯的思考。

市場行情，自有一套自己的法則。

不願認賠的心情，會輸得一敗塗地

提到停損的速度，現在的我，在操盤手裡應該可以擠進前段班。雖然還比不上目前發達的演算法，但是以人類來說算是跑得非常快了，只要認為一小時後的價位會比現在更低，就立刻賣掉股票。與買進的價格無關，也不管這支股票讓我賺或賠，只要認為接下來會跌，就立刻賣掉。

剛進場玩股票的人不懂停損，很容易馬失前蹄。明明停利停得很快，卻遲遲下不了決心停損，我猜是因為不想面對股票賠錢的事實，大概是想等股價回到買進時的價位。

這種以拖待變是典型的輸家模式。

「不想認賠，不想承認失敗」是人之常情，但是在股市很容易輸得一敗塗地。

迅速停損至關重要，這點比起技巧，更接近心態。

以我為例，其實有很多因為停損太早而賠錢的例子。

例如我在二〇一六年的美國總統大選，川普當選時就失敗過一次。當時股價暴跌，但是川普承諾會對美國企業釋出許多保護措施，我認為是買進時機，於是大舉買入道瓊指數期貨和標準普爾五百指數期貨，然而趨勢遲遲不見反轉，股價還是一路下探，我觀望了好一陣子，覺得好奇怪，是不是有什麼我不知道的資訊，所以就在美國股市開盤前賣掉了。

等到美國股市開盤，果然不出我所料，氣勢如虹的不斷上漲，我原本想再多等一會，結果還是停損得太早，要是能堅持到美國股市開盤，就能大賺一筆。

當然也可以等到開始上漲再買回來，可是美國股市與日本股市不同，比較難處理，所以當時我沒有再追價。

當市場動向不如自己的預期，很可能是有自己沒意識到的「什麼」在運作。市場的動向不對勁時，可能是操盤手介入，或是有什麼內線消息在影響買賣。

一旦察覺到不對勁，無論結果如何，基本上都應該馬上賣出。

就結果而言，我確實停損得太早，但是以心態來說，我認為自己沒做錯。

無論是市場行情還是其他賭博，基本上所有的玩家都是輸家。因為玩股票要付手續費、要繳稅，賭博則是要付場地費。

在這樣的情況下，對自己的能力認識不清的人很容易慘賠。換句話說，就是那些對自己一無所知，看不清自己的人。

說得簡單一點，搞不清楚狀況的人很容易受重傷。

那種人很容易輸到脫褲子。

感到恐懼的時候，就是機會來了

面對行情，經常會被人性的弱點扯後腿。

像是遲早有一天會取得平衡的想法，和不想虧損的心情。

這兩種情緒特別容易扯後腿。

投入股市，其實是一種承受風險以換取報酬的行為。

即使預期股價會上漲，也一定會有風險。

最好先做好損益機率各半的心理準備。

要是因此感受到強大的壓力，表示你原本就不適合投資股票。

從金融角度比喻上班族，薪水等於是買進每個月幾乎有百分之百的機率會配發一定金額的債券。

我學生時代賺的錢大多靠賭博贏來，從來沒打過工，因此剛開始上班時，感覺非常新鮮，不管是假期特別多的五月②還是工作日原本就很少的二月，領的薪水都跟其他月分沒兩樣，不受公司成績或自己的

---

②日本的五月一日是天皇即位紀念日，隨後有憲法紀念日、緣之日、兒童節等，加上假日跟假日中間的平日可能會自動升級為放假日，故假期特別多。

業績左右，這點真的很神奇。

上班族沒有風險，風險承受力比較低的人最好去當上班族。勉強自己做不想做的事，反而會降低獲勝的可能性，應該盡量讓自己開心。

對我來說，再也沒有比玩股票更開心的事。我已經賺到一輩子吃穿不愁的錢，但是因為玩股票很開心，至今仍欲罷不能。

當人的情緒左右搖擺，就是賺大錢的機會來了。

雖然有急漲或急跌兩種極端，但比起喜悅或期待，人類這種生物更容易受到悲傷及恐懼的支配，所以急跌時無異是天賜良機。

當人們開始擔心股價是不是會一直跌落谷底時，機會就來了。就整體狀況而言，像是發生科技泡沫破滅、雷曼風暴、次貸問題、希臘國債危機，或是出現大規模的災害等。

這時會產生集體恐慌的心理，正適合危機入市。

避險也沒用

觀察我的投資人朋友，每個人都有自己的買賣風格。

很難採用與自己性格相反的方式賺錢，因此找到適合自己性格的必勝心法，加以磨練，才是出奇制勝的不二法門。

不僅如此，為了大賺一筆，還必須戰勝自己的本能。

比起想賺錢的心情，必須先戰勝害怕虧損的心理，否則很難戰勝股市。不只難，是根本不可能。

我認為自己算是保守型投資人，絲毫不把小損失放在心上，而是盡量避免大損失，總而言之，就是一見狀況不對就逃之夭夭。

另一方面，如果不採取可能會賺大錢的買法，承擔風險在股市裡殺進殺出就沒有意義了，所以我也經常採取攻勢。

我在乎的是風險與報酬的平衡。

任何買賣都有風險與報酬。

唯有在報酬大於風險的時候才進場。

倘若勝率不到一半，根本沒必要進場。

當我想買某支股票的時候，會去思考股價可能上漲的原因，也會思考下跌的因素。反覆思考後，如果認為上漲的原因比較有力，前景值得期待，就進場買進。

我稱這種比較風險與報酬，判斷是否進場為「效率」。

沒有人知道股票會上漲還是下跌。

要是能知道，日本要搞定國家預算還不簡單。

認為一定會上漲（或一定會下跌），只是沒看見暗藏在背後的風險。

任何時候都沒有絕對會上漲或下跌的標準答案。

即使算準一定會獲利，可能也會在買進的那一瞬間發生雷曼風暴，我也聽過有人說：「看在配股配息的份上買進東京電力的股票，然後馬上就發生了三一一地震。」

現實就是這麼一回事。

在市場上，無論什麼樣的買賣，風險與報酬都隨侍在側。

我也看過「不僅保證本金還有這麼高的報酬率！」的廣告，但這是不可能的事。雖然只是我的感覺，但保證年利率百分之三以上的金融商品不是詐欺，就是巧妙的把風險藏起來。

玩股票是追求獲利、承擔風險的行為。

投資一定有風險。

害怕風險的人不適合玩股票。

我基本上不避險。

承擔風險應該是為了追求利潤，把成本用來分散風險只會稀釋利潤。

基金經理人的工作就是運用巨額資金，要是一直害客人賠錢，可能會被炒魷魚，所以必須讓成績持平也說不定。

可是個人投資者不需要避險。

危機與轉機只有一線之隔。
只能承受結果。

2.

能創造假設的人，才能戰勝股市

在市場上，第一隻泥鰍堪比人間美味，

第二隻泥鰍也還算好吃，

第三隻以後就吃不出味道來了。

第二隻泥鰍，是向市場學習

很遺憾的，我在二〇一八年並沒有太大收獲，但二月包含未實現損益在內，淨賺十九億（因為抱太久了，最後獲利了結時只剩下十二億）。我想為各位介紹我當時的操作是基於什麼樣的假設。

自二〇一七年起，ＦＡ概念股賣得非常好。ＦＡ是「工廠自動化」（Factory Automation）的縮寫，這方面的概念股是指幾家製作工廠自動化產業用機器人的公司股票，根據官方給的說明，中國已經正式投入省力化投資，而且日本的勞動方式改革，也讓自動化設備的投資前景看好，這些企業的商品很暢銷，業績非常亮眼。

這些經濟上的知識我雖有涉獵，但僅止於參考，我只重視現在大家都買賣哪些股票。

我在二〇一八年的大發會①上買過這些概念股。當時值得一提的是，美國市場買了大量日本的股票，日本股市一開盤，果然氣勢如虹的一路走升，我買下所有急漲的概念股。

之後也順利在高檔震盪，直到這些公司的季報表開始出爐。一月下旬由一家名叫安川電機的公司鳴槍起跑，於二十三日發表了第三季的財報，四～十二月的稅前淨利比去年同期增加八五％，十～十二月也比去年同期增加六二％，成績非常亮眼。

看來是很好的結果，沒想到第二天的股價卻下跌四％，我認為這可能是因為市場的期待太高，業績沒達到市場要求所致。我也買了安川電機，但是意識到風向不符合預期，開始往下走的瞬間，當天的早盤就賣光出場了。

①日本股市會在每年的第一個交易日舉行開市典禮。

我認為，這也會立刻反應在其他概念股上。

實際觀察其他工廠自動化概念股，覺得買盤變少了，價位的波動出現異象。當時我手中的股票大概有一百五十億圓，大部分是這些工廠自動化概念股，其中不乏歐姆龍（OMRON Corporation）和瑞薩電子（Renesas Electronics Corporation.）、發那科（FANUC）等個股，但我還是決定在公布財報前全部賣出，於是光一天就賣掉了將近一百億圓的股票，全身而退。以我現在的買賣規模來說，我一旦賣出，我的追隨者再跟著賣，會讓股價跌得很慘，所以能在一天內賣出近一百億圓的股票，我也覺得效率高得不可思議，而且那些股票果然在公布財報後開始接連下跌。

然後在空手（手中並未持有部位）的狀態下觀察，建立「安川電機與發那科，是直接構成日經平均股價的個股，也是左右這陣子日經走向的工廠自動化概念股，所以這些個股一旦下跌，大概會影響到大局」的假設，做空日經二二五指數期貨。日經二二五指數期貨，是由日經平均指數衍生出來的金融商品，賣空後，一旦指數下跌就能賺錢。由於市場的趨勢向下，之後也一直有人大量放空，日經指數果然整個暴跌。

因此，我的未實現獲利一時來到十九億圓，只是又抱了一會，所以實際獲利了結時只剩下十二億圓。

J-Com 股票錯帳事件

我還有一次大獲全勝的紀錄，那就是「J-Com 股票錯帳事件」的交易。

當時鬧得滿城風雨，所以知道的人可能會覺得這還需要解釋嗎，但畢竟已經是十多年以前的事了，還是先帶大家回顧一下前因後果。

二〇〇五年，十二月八日。

日本知名投資銀行暨證券公司瑞穗證券的營業員，原本是要以「六十一萬圓賣出一股」剛在東證 Mothers②掛牌的綜合人力資源公司 J-Com 的股票，卻不小心輸入為「以一圓賣出六十一萬股」，當時是上午九點二十七分。

因為是新上市的股票，還不知上市開盤價，所以在這筆委託單出現以前，投資人普遍認為上市開盤價應該會落在九十萬圓上下，當這筆大單掛出，上市開盤價一口氣跌到六十七萬兩千圓。由於是平常不可能出現的巨額賣單，導致股價繼續重挫，才過了三分鐘，九點三十分就鎖死在五十七萬兩千圓的跌停板價位。

營業員立刻發現錯誤，送出取消委託，但當時東京證券交易所的系統不接受取消。據說是因為一圓的賣單原本就不成立，系統自動改以有效價格的下限賣出六十一萬股的處理方式，而過程中不接受取消。

營業員一再送出取消指令未果後，試圖從直接與東證連線的下單系統取消，但也沒有反應。

打電話給東證，委託東證直接取消亦遭拒絕，瑞穗證券決定買回所有賣單。

於是大量的買單進場，股價一口氣攀升，九點四十三分便急拉至漲停板。

發現下錯單而掛出大量買單的個人投資者、看到股價暴跌而狼狽賣出的股東等來自四面八方的操作，讓股價在那之後的走勢亂七八糟，自十點二十分起維持在七十七萬兩千圓，漲停鎖死。

瑞穗證券雖然執行買進沖銷，還是有九萬六千股的買進委託未能完成沖銷，交易依舊成立。

而統籌主辦 J-Com 股票上市的日興證券，被懷疑是下錯單的罪魁禍首，當天的股價也一瀉千里。

---

②market of the high-growth and emerging stocks的縮寫，為東京證券交易所旗下的創業市場。

就連其他金融股也都受到波及，到了下午，市場開始傳出下錯單的公司為了填補損失將拋售手中持有的股票，導致大盤全面走低。

這天，瑞穗證券損失的金額，高達四百零七億圓！

瑞穗證券稍後也控告東證的系統有漏洞。法院最後判定東證負擔一百零七億圓，並要求利用本次事件得利的證券公司返還不當得利，獲得六家證券公司響應。

由於是充滿話題性的事件，媒體也大幅報導，尤其聚焦在個人投資者身上。

這次事件中，有位股票當沖客至少賺了二十億圓，是我也認識的個人投資者B・N・F（本名小手川隆）先生，因為他在大量取得股權申報書的職業欄都寫自己沒工作，所以電視節目為他取了個「J-Com男」封號，成為眾所矚目的「無業大富翁」。

二十秒賺六億

說來話長，以上就是整件事的來龍去脈。

我也因為那次事件，進帳六億圓左右。

我想從自己的角度，來講述這件事。

當時不管發生任何重大新聞，在 2ch 的股票留言板上都會即時刊登，所以網友們就能立刻掌握情勢。「瘋狂的賣單進場！」留言板一下子便炸開了鍋。

知道這個消息後，我第一個動作，就是去確認這個賣單是不是下錯單。

我在與投資有關的網站上看過，所以知道當時證券公司的終端機系統，就算輸入超過已發行股數的數值，也能賣出。為了確定六十一萬股這筆天文數字的賣單是否超過已發行股數，我打開 J-Com 的

IPO[3]PDF檔來看，得知六十一萬股高達已發行股數的四十倍，確定是下錯單無誤。

我認為這是天上掉下來的禮物。

決定有多少買多少。

過程中只花了大約二十秒。

花了點時間確認，再加上得手動下單，害我心急如焚，不快點買進，萬一賣單取消，這個天上掉下來的禮物就會泡湯。

我在電腦上點開一堆視窗，每個視窗都輸入五百股的買單，不管三七二十一全都以市價買入。

一共買到三千三百股。

買到後，比起緊張或期待，我絞盡腦汁的想該怎麼做，這筆交易才不會無效。

美國沒有下錯單這方面的法律規範，一般是以買到最低價的三倍買回，可我覺得日本沒這麼好說話，假如這是證券公司下錯單，全部買回去的話，損失將以兆為單位，根本付不出這麼多錢，所以這些交易該不會全部無效吧？這是我最害怕的事。

買進十分鐘後，股價站上第一次漲停板，雖然覺得很可惜，但還是全部賣出。

因為我擔心一直抱著，萬一交易無效就麻煩了。

我用憑空多出來的幾億圓買賣瑞穗金融集團和任天堂的股票，要是J-Com股票的交易無效，後面的交易也不可能成立，因為這筆錢真的是從天上掉下來。

買賣完瑞穗與任天堂後，我為大部分的金額辦理預約提領的手續（SBI證券就算當天沒有足夠的錢可供提領，也可以透過電話申請，預約日後提領）。

---

③Initial Public Offerings的縮寫，意指首次辦理股票公開發行。

賭徒要堅持到最後一刻，錢真的進到自己的口袋裡才算分出勝負。

直到落袋為安以前都不能放心。

勝利的果實愈豐碩，愈不能因為喜悅而掉以輕心，確定勝負的收尾作業十分重要。

愈是大獲全勝，愈容易陰溝裡翻船。

以下這個例子可能完全不在同一個檔次上，不過我從年輕時就開始打麻將，有過好幾次贏太多，最後全部吐回去的經驗。當時都是小輸小贏，然而我可不想吐回這次利用J-Com股票錯帳事件賺到的錢。

我認識好幾個個人投資者都趁這個機會海撈一票，像B・N・F或uoa提出大量取得股權申報書後就抱著那些股票，當股價來到比當天的漲停板還高出近二十萬圓，相當於每股九十七萬圓時才由交易所強制結算，坐收漁翁之利。

我和他們不一樣，比起追求利益最大化，滿腦子只想著如何讓日

本政府承認這筆交易。

同時也在想，到底是哪家公司下錯單，損失的總金額又有多少，萬一損失金額太大，交易本身很可能視同無效。倘若只有數千億圓，大型證券公司應該會負起責任來，而那家公司的股價會下跌。

也考慮到是不是要賣空大型證券公司或銀行，不只我這麼想，2ch的留言板也在討論相同的話題。

網路上的資訊果然很快，但我最後並沒有做空。

關於這件事，經常有人問我：「買到的三千三百股 J-Com 股票，為什麼不抱久一點？」「要是抱久一點，就能賺更多錢了。」

但我想，就算再發生一百次同樣事件，我大概都會採取相同的行動。

在腦內沙盤推演，衡量過天平兩端的風險與報酬後，終究還是會做出相同的結論。

如果問我這是正確的結論嗎？我也不知道。可是只要採取相同行動，應該每次都能得到差不多的獲利。雖然無法得到更多獲利，但我覺得這樣也夠了。

今後還會發生下錯單的事嗎？

自J-Com股票錯帳事件後，東證導入名為Arrowhead的交易系統，從此不再輕易發生大型的錯帳事件。

二〇一八年二月底，曾經出現過數百億圓這種天文數字的賣盤，我心想「咦，這是下錯單嗎？可是感覺好假」，只是觀望沒有買。如果金額高達數百兆圓，百分之百是下錯單，但數百億還在可能範圍內，所以才可疑……。後來股價跌得很慘，所以大概只是大股東想賣股票。那支股票是日產汽車，不曉得是誰，基於什麼企圖要這樣賣，真相不得而知。直到二〇一八年十一月，因日產前總裁卡洛斯·戈恩（Carlos Ghosn）被捕、遭解職一事，日產再度受到世人矚目。

總之，先假設

或許，我是個行情宅也說不定。

我總是在思考「要是發生這種事，這麼做就能賺到錢」的假設，想出好幾十個點子。這些假設偶爾會真的發生，每次我都很得意，「看吧，果然被我猜中了」。

我並非做像是「一旦日圓貶值，出口業的利潤就會提高，股價應該也會上揚」這種幾乎已經可以說是常識的假設。

並非已經變成常識的假設，而是幾乎還沒有人想到，具有明確邏輯性的假設。或是還沒人指出問題，邏輯也還不明朗，但依照經驗法則，認為明顯相關的假設。

舉例來說，我鎖定的目標，與日經平均指數的計算方式有關。

持有優衣庫這個品牌的迅銷、發那科、軟銀集團、京瓷等個股，占現在的日經平均指數比重非常高。換成是小建設公司，即使站上幾百萬圓的漲停板，對日經平均指數的影響，其實與迅銷的十圓、二十圓差不了多少。

這種相當扭曲的現象代表什麼呢？代表日經平均指數，不會納入高單價的股票。

好比大家都說，日經平均指數應該要納入任天堂或村田製作所，這種每股超過一萬圓的股票，但至今連個影子都沒有。

因為一旦納入這種高單價的個股，隨便有個風吹草動都是三百點上下的波動，日經平均指數的負責人可能會飽受批評「有沒有常識啊，居然納入這種股票」，所以目前以單價四千圓～六千圓的個股為限。

不過，這個問題其實有兩種方法可以解決。

一是就這麼納入，只要納入一支，其他就能陸續加入。大概到納入日經平均指數的一個月前，分析師會強調：「這次的重點是任天堂與村田製作所！」鬧得沸沸揚揚。這麼一來，納入的股票會漲翻天，股價十分甜美。

目前是因為所有人都認為「任天堂的股價太高了，一旦納入日經平均指數會破壞市場秩序，所以不能納入」就沒再進一步思考。

另一個解決方案是，將日經平均指數的計算方法換成東證股價指數④的計算方法。一旦做出改變，等於告訴投資人可以納入高單價的個股，投資人會在預期高單價的個股被納入日經平均指數的心理下逐漸買進。

萬一真的發生這種事，我會在公布的瞬間買進股價在一萬圓以上，還沒納入日經平均指數的股票。選定五～十支個股，各買十億圓，整體來說約會漲到百分之十～二十，類似這樣。

---

④Tokyo stock price index，簡寫為TOPIX。和日經平均指數是日本東京股票交易市場的重要股市指標，追蹤東京股票交易所第一板塊內的日本國內公司。

我經常在思考這些可能性。

不為人知的股市攻略法

很久以前，市場上流傳著「舊ＵＦＪ銀行可能會倒閉」的說法。

當時因為零售業集團大榮增資還是有什麼資金流動，而在東證暫停交易。我心想「啊，不能買賣了，這是怎麼回事？」仔細觀察，發現東證似乎有下單的跡象，於是我靈機一動，掛出以漲停價買進的委託單，反正暫停交易，下單也不會成交。

只見ＵＦＪ控股集團和不動產集團大京等個股不斷上漲，因此我決定賣空ＵＦＪ和大京後，取消大榮的委託單，沒多久，ＵＦＪ和大京就雙雙下跌。

這時我又買回ＵＦＪ和大京，再次以漲停價掛出大榮的買單，於是ＵＦＪ和大京再度上漲，而我則繼續賣空。舊ＵＦＪ銀行是大榮的金主，大京則是舊ＵＦＪ銀行的金主，可能也有人會想到兩者之間的關聯，但大榮和大京的行業性質完全不一樣，所以一般人不認為會連動。

大榮的漲停價委託單作戰前兩次都很順利，第三次我也打算等股價一上漲就賣掉，但是第三次完全不動，所以到此結束。

為何我會想到這樣的作戰方法呢？

我是從以前ＩＰＯ的經驗看出一個現象：明明業種完全不一樣，從拉麵店到房地產業再到科技公司都有，靠近掛牌日卻連動著一起上漲，而得到靈感。

假設有兩支股票同一天掛牌上市，也可以採取先大量持有其中一支股票，再買進另一支股票，使其上漲，預期大量持有的那支股票也會跟著漲上去的作法。

即使是截然不同的業種，股價也會莫名其妙的連動。

例如有一家名為工合線上娛樂（GungHo）的公司，和通信公司愛可信（ACCESS）只有股價高這個共通點，其他完全不一樣，不知為何股價還是會連動。

雖然不明白箇中邏輯，但股市裡就是會發生這種事。

大榮暫停交易，所以委託單不會成立，只要事後再取消就好了，毫無風險。沒風險又能賺錢，這種交易太有價值了。

股市這個遊戲，其實還藏著許多不為人知的攻略法，可以思考、可以操作的事，太多了。

股市其實有很多第二隻泥鰍

在這一點上，事先知道以前發生過什麼事會很有幫助。

花時間學習過去的事例，其實在平常的股市中派不上用場，然而一旦發生毫無前例可循的狀況，卻能讓我們觸類旁通的去參考過去類似的例子，有助於立即想到能從中獲利的邏輯，和如何反應。

以 J-Com 股票錯帳事件為例，假如我不知道以前有過下錯單還成交的例子，或如何確認是不是下錯單的方法，以我偏向保守的操作風格，可能就不敢利用下錯單賭一把了。

在市場上，第一隻泥鰍堪比人間美味，第二隻泥鰍也還算好吃，第三隻以後就吃不出味道來了。

因此每個人都想先下手為強，可是要抓住第一隻泥鰍比登天還難。

第二隻泥鰍是向市場學習，發現有機會賺錢就立刻採取行動，這麼一來也能得到還算可觀的獲利。

等到全世界都知道才去做，則是第三隻泥鰍，這時是賺是賠已經很難說了。照財經雜誌上寫的去做就是第三隻泥鰍，不，可能已經是第四隻泥鰍。

因為追逐刊登在主流媒體的題材，速度太慢了，靠著多數人都知道的知識不可能有機會脫穎而出。

最好將這點銘記在心。

光看書，無法戰勝股市

明明我自己也出了書，卻還說這種話，實在有點對不起出版社，但是我真的認為，看再多書也無法戰勝股市。

投資的書、經濟學的書多如天上繁星，但全都是馬後炮。

好比經濟學的教科書都會寫到「利率上升，股價就會下跌」，這是因為利率一旦上升，對於投資人而言，債券的投資價值會相對提升，導致股票的價值下跌。

但實際上真的是這樣嗎？有時候利率上升，股價也會跟著上漲，出現與經濟理論南轅北轍的結果，讓人以為「這本教科書都是騙人的」。

景氣好的時候，企業會一直突破營收新高，於是重視業績的投資人都會想買這些股票，這時就算日銀或聯準會（聯邦準備委員會，美國的中央銀行體系）調升利率，股價也會持續走高，一漲再漲，直到創下史上新高，再一口氣爆跌。大概是大型基金或投資銀行認為投資股票的獲利不如投資債券，所以瞬間以千億圓的單位拋售股票，把資金移向債券。

因此，書上雖然寫「利率上升，股價就會下跌」，但實際上不見得能順利的從股票換到債券。

面對這樣的現實，我的策略是「採取隨時都能全身而退的買法」。不要建立太大的部位，只要覺得風向有點不對勁，就馬上賣掉，換成現金。

然後報章雜誌上又會出現「有鑑於過去歷史，調升利率的時候股價雖然會上漲，但稍後就會急跌」的報導，這樣的論述一旦廣為人知，市場便會做出相應的舉動，於是又再度導致理論失靈。

要是能捕捉到市場上的第一隻泥鰍，肯定美味絕倫，但是要靠自己的理解去抓到這隻泥鰍非常困難。

由此可知，或許鎖定第二隻泥鰍比較好，例如在調升利率的時候買進期貨，同時也要購買比現值便宜一千圓以上的選擇權（這麼做等於是多加一層保障，可減少股價暴跌時的損失）。

然而，只要愈來愈多人知道這個方法，這個方法就不再好用了。市場傾向於規避風險，一旦有過兩次暴跌的印象，第三次就會提高警覺，採取相反的行動。從這個角度來看，市場怎麼想至關重要。

最近開發《學園偶像祭》手機遊戲的 KLab 公司股價，會配合登場人物的生日上漲的現象引起討論，人們推測這可能是以買股票的方式當成生日禮物，還有人說這是一種「生日投資法」。這種投資法起初確實成功了，也有不少人留意到這點，捕捉到第二隻泥鰍，然而自從在網路上掀起話題，提早買進打算當天賣掉的人愈來愈多，導致當天以下跌收場。

媒體其實很不負責任

最好不要相信任何媒體的股市分析。

像是電視上說明股市行情的節目，通常會在早盤結束時，公布每小時的成交金額排行榜，並加以解說，例如稍早之前常聽到的「儘管日圓升值，豐田汽車在美國市場的業績依舊值得期待，吸引買盤進場，成交金額是今天的第一名」那種感覺。

當時的東證成交金額前幾名個股，也有不少是我有買的。我現在雖然只做早盤，但因操作金額高達幾十億，占早盤交易中相當大的比重，因此到當天收盤的下午三點，出現在排行榜上的大型股中，我的買賣就占了成交值的百分之十，如果是早上十點左右，成交值甚至可能有三成都是我貢獻的。

聽到該節目的解說，我只覺得是隨手蒐集一下匯率或美國市場之類的資料，照本宣科的加以說明。因為占成交值三成的我，在買的時候根本沒想到那些，買進只是為了在第二天賣掉。

明明是我在操控那個時段的股價，媒體卻自顧自的想像，而且還大放厥詞。

我曾經停損處分掉將近五十億圓軟銀集團的股票，當時媒體的解釋是「昨天中國的阿里巴巴走勢疲軟，所以軟銀才會跌到成交值第一名」。不，才不是那樣，只是我認賠賣出而已，阿里巴巴也不想背黑鍋吧！

股市分析的書，又是根據諸如此類的交易解說撰寫而成，所以我不會相信任何相關的股票書。

請容我離題一下，某本週刊曾經做過我的特輯，封面還寫著「直擊趁全球股市下跌賺進三十七億的男人！」的聳動文案。雜誌裡寫說

「成功的接觸到除了海外媒體之外，不接受採訪的當事人」，但我們壓根沒見過面，看了報導內容，幾乎都只是引用我在推特寫的東西。

如果只是稍微引用我的推特倒也沒什麼，但是捏造成真的採訪過我就太扯了，所以，我打死也不會相信媒體。

3.

冷靜審視市場與自己，是邁向勝利第一步

追逐行情是追求獲利、承擔風險的行爲。
投資一定有風險，害怕風險的人不適合玩股票。
爲了出奇制勝，即知即行也很重要。

為了取勝，即知即行也很重要

如同前面寫的，我的買賣極為單純，就連我的投資人朋友也這麼說。據說當他們認為「cis 會賣掉這支股票吧」，實際賣掉後還真的賺了不少錢。

當我開始有勝算以後，發現方法真的很簡單。

隨著經驗愈來愈多，每次可以出的招確實愈來愈多，但想法真的非常簡單。我想凡是有在玩股票的人，應該都能理解。

那麼，為什麼不是每個人都能變成我這樣呢？因為想法再簡單，一旦操作時花的是自己的錢，還是會知易行難。說得淺白一點，即使覺得賣掉比較好，還是會想很多，擔心會不會反彈。

當股價上漲、創下新高時，我就會欣然買進。

可是一般人不會這麼做。因為股價已經漲到前所未有的高點，會擔心是不是要下跌了。好比說蘋果如果一直漲價，漲到一顆四百圓，正常人都不會想買。

但股票可不是這麼一回事。

大部分的人都想「低買高賣」，所以不想買在高點。但是高低都是比較來的，而且是和過去比較。下跌時也是和過去比較，因為比較便宜，會覺得賺到了。

有些泡沫確實很明顯，但適當的價格基本上並不存在。**只要賣的價格比買進價格高就能獲利，所以最好不要跟過去比較。**

自以為聰明的假設，卻連戰連敗

剛開始投資股票時，我連戰連敗。

我在網路上的證券公司開戶，從存入三百萬圓開始操作。大學畢業前存了約一千萬圓，那是我當時的全部家當，剩下的七百萬圓後來也陸續砸進去。領到薪水後，留下每個月五萬圓的生活費以外，每個月又投入將近二十萬圓，但餘額仍不斷減少。

當時我對各式各樣的企業進行財務分析，找出便宜的股票購買。

我採取的是：在同一業種中選擇特別便宜的股票，等到股價追上評價就能賺到錢的戰術。也就是進行財務分析，判斷企業的價值，看基本面買股票。

舉例來說，假設其他要素完全相同，營收十億圓的公司市值一百億圓，營收一百億圓的公司市值五百億圓，我會買五百億圓的公司。因為營收是另一家公司的十倍，市值卻只有五倍。假設營收一百億圓的公司市值五千億圓（營收十億圓的公司的五十倍），市值一百億圓的公司反而比較便宜，那我就會買這家公司的股票，類似這種感覺。

連戰連敗的原因

當時在東京證券交易所市場第一部上市的公司（相當於東京股市大盤，主要由大型公司股票組成）都很貴，上櫃的JASDAQ①及第二部（由中小型公司及高成長新創公司股票組成）從數字上來看比較便宜。

在這樣的前提下，我看上日本佳速航空（JAS），即後來被日本航空（JAL）併購的航空公司。

這家公司的股價明顯比JAL和全日空航空（ANA）便宜，我認為，是金子遲早會發光，投資人肯定會還股價一個公道，沒想到一買就跌，但我還是期待馬上會有戲劇化的反彈，繼續買進，結果又跌。

①東京證券交易所所營運的股票證券市場，主要以新興企業為取向。該證券交易所有日本的納斯達克之稱；不過與NASDAQ日本無關，也與美國納斯達克無任何關係。

最後以極為不利的換股比例，被ＪＡＬ併購，我的股票等於變成非常昂貴的壁紙，被逼入「怎麼會這樣？」的境地。

當時正值日經平均指數即將跌破一萬點的緊要關頭，分析師一口一聲的嚷著便宜便宜，但股價還是持續下跌。我從此學到，他們說的話一點也不可信。

同一時間也是科技泡沫爆掉後，新興的小型股開始活蹦亂跳的時期，買愈多便宜的股票，反而虧得愈多。

我看錯的個股不只ＪＡＳ，所以半年來賠得一塌糊塗。幾乎虧掉一千萬圓，帳戶餘額只剩一百零四萬圓。

這種作法之所以不行，是因為我沒發現對於便不便宜的判斷，只是主觀意識。

當然，便不便宜只是財務分析的結果，而且這種事大家早就知道了，實際上，股價就是建立在這些綜合判斷之下。

與其認為股價並未正確反應企業價值，不如搞清楚股價本身就是

答案，是所有投資人公認的正確數字。

像JAL或ANA或JAS那種大型股早就被研究得十分透徹，不可能便宜卻沒有人發現。

即使看起來很便宜，也是誰都知道的資訊。

除非有內線交易，事先就能掌握到價值的波動，否則沒有人知道企業的潛力與股價的連動關係。

由此可見，個人其實沒有優勢。如果不想辦法先下手為強，就無法從別人手中把財富搶過來。

仰賴每個人都知道的訊息，就沒有絕對的勝算。

有公信力的企業只會更有公信力，便宜的股票則會更便宜，這才更靠近所謂的真實，公平或平等之類的概念，根本無法撼動股票市場。

買自以為便宜的股票，只會一路慘賠。

我就是受過很大的教訓，才會發展出現在的操作模式。

股市的事，只能在股市學習

經常有人問我：「要怎麼學習？」

我個人是一個勁的觀察股價波動。

股市的事，只能在股市學習。

寫在書裡的，都已經是過去的事，對未來毫無幫助。

也經常有人問我：「要多努力？」

如果半夜想知道股價波動就會爬起來看算努力的話，那我確實很努力。

但不是勉強自己爬起來看，而是跟玩遊戲一樣投入。

我就是這樣走到今天的。

身為操盤手，難就難在必須一再否定自己的理論也說不定。

買的股票下跌就要停損，一旦上漲再買回來，這種行為該怎麼解釋呢？等於是停損的時候先投降一次，一旦上漲又得承認先前的投降是錯的。

但我個人毫不在意。**不管做什麼事都一樣，無法客觀審視自己的人，肯定沒有勝算。**

除了剛開始玩股票的時候，為了擺脫連戰連敗的窘境外，我從未特別意識到要改變操作股票的方法。不過因為從結果可以學到很多東西，或許也可以說是每天都在轉換不同的模式。

開始賺錢以後，我改變作法，開始乘著退休基金和其他基金的買勢，跟隨買進最容易成為標的的小型股。

我至今仍然覺得那是個好方法，後來以此為基礎，時而逆勢操作，時而稍微拉長時間軸順勢操作，增加子彈。前面雖然寫過攤平是最糟的作法，說我不避險，但有時候還是會利用這些技巧靜觀其變。

也曾經有過無數次「最近都沒賺到錢」的感慨，可是直到連我自己也覺得該退休前，我不想說出陷入低潮這種話。

只能思考幾分鐘後或明天的股價。

根本沒空去想自己要不要緊、該進場或該退場時的判斷是不是做錯了。

市場比自己的狀態更重要，只能盡全力配合市場。

以我為例，雖然玩股票才半年左右就開始賺錢，但是對股市的理解力還是會依經驗而異。

假使現在的理解力為一百分，剛開始賺錢的時候大概只有二十分。

現在回想起來當然很低，而且有時也是贏得很僥倖。

當時的線圖波動主要由法人及基金投資人等大筆資金主導，我只是分一杯羹。

用最快的速度學習別人賺錢的方法，迅速採取行動，並盡可能進行信用交易。

現在的市場比當時複雜許多。

現在的我也比以前更不相信市場。

膽子更小。

所以才會一看苗頭不對就逃跑。

推特的新聞比NHK還快

平常我只看股價波動和推特。通常是觀察股價波動，若有什麼不尋常的變化，就先出掉一些，再看新聞。

假設我買了一千張日經二二五指數期貨，三十秒鐘跌了一百五十圓左右。這時我會先賣掉五百張，減少部位，以免有個三長兩短時反應不過來，然後再看新聞。換句話說，可能還沒搞清楚狀況就先蒙受損失。

有時候股價會彷彿什麼事也沒發生過的回去，讓人感覺「發生什麼事了？剛才的下跌該不會只是為了整我吧？」但也只能認了。

推特上口耳相傳的消息，是最快的。

川普贏得總統大選時，也是當地的推特最先傳出消息，路透社和彭博的新聞大約三十秒後才跟上。

NHK等日本的新聞則又過了幾分鐘才跟上。

所以我基本上只看推特上的新聞，這樣就夠了。我也看報章雜誌，但那只是娛樂。

就像日本虛擬貨幣交易所 Coincheck 的遭駭事件②，比起新聞，更早就在網路上炸開了鍋。一開始是有條推特寫「有一筆金額相當大的新經幣（NEM）移動的紀錄，不要緊吧？」儘管我沒有追蹤發那條推特，但是重要訊息都會被轉推，自然會看到。

日本、美國、歐洲三大市場中，因為時差關係，星期一最早開市的是日本。

因此週末一旦發生世界級的大事，日本首當其衝會受到影響。

例如英國決定脫歐、川普勝選，歐美的政治場域一旦出狀況，賣盤會先傾巢而出，這時日本經常會超賣。

就我的經驗來說，像這種時候，百分之九十都可以逆勢買進。

就像川普當選美國總統時，當市場陷入「未來會變成怎樣？」的狀況，就要逆勢操作。

想當然耳，前提是要出大事。平常如果只是因為道瓊期貨變便宜就逆勢操作，則違反「要在上漲時買進」的原則。

反過來說，假使美國於週末出現利多消息，道瓊期貨大漲四百點左右，日經平均指數也跟著大漲的話，則要賣空。因為通常很快就會打回原形。

②二〇一八年一月，日本大型交易所 Coincheck 丟失現值約四．二億美元的虛擬貨幣，這些資金被非法轉移出交易所。

小心提防內線交易

可疑的交易，也救過我這種只會坐在電腦前按滑鼠的人，最具有代表性的就是內線交易和被炒作的股票。

市場上出現怎麼看怎麼可疑的賣盤時，如果覺得明天不會繼續漲的話就順便賣出，腳底抹油，逃之夭夭。收盤後果然傳出非常糟糕的利空消息，而第二天暴跌的時候，我已經全身而退。

實際上，只要仔細觀察，便可以看到很多可疑的內線交易。

事後回想，活力門事件[3]的時候也是，很多人都在很早的階段就賣掉持股。明明新興股都漲得亂七八糟，唯有活力門一直停留在七百圓左右，動也不動，我覺得事有蹊蹺，果然完全被政府盯上了。

這個時代的消息很容易走漏風聲，當市場上出現可疑的賣盤或買盤時，最好認為那是內線交易。

當壞消息開始流傳，一旦有人不想買，或是開始覺得這下子只能賣掉了，股價波動就會比其他股票詭異。這種訊號十分寶貴，所以最好別下手買進這種股，跑得快的人才能活下去。

我一直在觀察股價波動，見賣盤太沉重或氣氛太詭譎就立刻變現逃走的作法，救過我很多次。

巨額資金一旦進出，很容易引發內線交易或其他經濟犯罪，未來要是能透過電腦取締，還我們一個乾淨的投資環境不知有多好。

要如何看穿是否有內線交易的可能性或可疑的買賣呢？

我一開始也毫無概念。

我已經想不起來自己是花了多少時間才學會看門道，但只要花兩週左右一直盯盤，大概就能看出個端倪。

③二〇〇六年一月十六日，東京地方檢察廳特別搜查部與日本證券交易監視委員會，以活力門公司及其下屬子公司涉嫌違反《證券交易法》有關規定，強行搜查活力門公司總部及董事長堀江貴文住所。次日日本股市受這一消息震撼，股價大幅下落。一月二十三日，堀江貴文被正式逮捕。

盯盤也有助發現新事物，或是跟自己以前想的完全不同的另一面。

以最小單位買進即可，只要買進以後持續觀察，應該能學到很多東西。

從宏觀角度觀察股價上漲或下跌的波動前，先個別觀察交易的構成要素，也就是買盤與賣盤的話，可以得到很多收穫。

如果有疑似被炒作的股票，就是機會！

我很擅長對付被炒作的股票。

供需極度失衡，價格波動得十分劇烈的股票，是絕佳當沖標的。

我對炒家為什麼要買那支股票一點興趣也沒有。

只要能在第一時間上車，快點賣掉，落袋為安就行了。

我現在已經有大筆資金可以自由操作，所以幾乎不怎麼關心小型股，但是我的總資產還不到六十億圓之前，也看過很多價格波動十分可疑的小型股。

只是，即便是世人口中被炒作的股票，其實也未必真的是被炒作出來。

舉例來說，自二〇〇三年一路上漲的新興股，一開始也都說是被炒作出來的，結果其實它的資金來源五花八門，股價被推升到極高點時，最後由退休基金等大型法人買進，成為大股東。

即使是乍看之下像是被炒作出來的股票，其實真的有人默默在買也未可知。

因此不要以來路不明的消息判斷是否有人為炒作，只看股價波動來判斷會比較準。

資金盲目流動時，正是獲利良機

像退休基金那種「盲目的資金」流入流出時，是獲利的最好機會。

如今因為總成交值太大，盲目的資金比例變少，但退休基金、投信或海外基金都屬於這類資金。

這些法人的交易，有時候只是根據「在某個特定期間要買幾百億這支股票和那支股票」的結論，由操盤手瘋狂下單。我稱這種巨額交易為「盲目的資金」。

盲目的資金流入時，只要搭上順風車就能海撈一票。

相反的，盲目的資金流出時，一般投資人想賺這波，應該要注意賣盤，並從判斷倒貨倒完的前一刻開始買進。

除了盲目的資金流出以外，如果還有其他可能會下跌的因素，也可以賣空。例如財務吃緊、可能會增資之類。

只是我不大喜歡賣空股票，因為賣空股票要成本，一旦賣出超過總發行股數的千分之二還要申報，太麻煩了，而且一下子就會超出千分之二的額度。

二〇一七年，神戶製鋼廠鬧出醜聞時也是，才賣一點點就要寫空單餘額申報書，麻煩死了。幸好現在大部分的網路證券公司都會幫忙申報，輕鬆許多。例如ＳＢＩ證券就會自動幫忙製作表單，只要檢查有沒有錯漏即可。

順帶一提，我目前頂多只會使用ＳＢＩ證券、樂天證券、Kabu.com證券、ＳＭＢＣ日興證券、摩根·史坦利ＭＵＦＧ證券、瑞穗證券這六家網路證券公司。以前因為有時會碰到證券公司系統維護中不能交易，而有同時使用數家證券服務的需求，可是現在已經沒有這個問題了。

這是因為手機的看盤軟體很好操作，投資環境愈來愈方便，不再需要那麼多網路證券公司。

在失去冷靜前撤退

我在持續投資股票的過程中，不斷累積經驗，風險管理等能力都有所提升，我曾在二十九歲那年，自問「現在的自己，是否輸給去年的自己？」在那之後又過了十年，我現在已經三十九歲。

我認為隨著年齡增長，判斷行情的能力也跟著走下坡。當然我還是擁有很多資產，但腦力和體力這種生理上的能力，確實明顯下降。**因此，我現在最重要的工作是不要過度相信自己，也可以說是在尋找適當的退休時機。**

我不知道什麼時候要退休，也沒想過退休後要過什麼樣的生活。我常覺得自己的身體很僵硬，所以比較喜歡暖和的地方，因此在考慮是不是一到冬季，就去馬爾地夫或南半球小島度過。可是我會暈車，也討厭坐飛機，所以也可能會一直待在東京。一切都順其自然吧。

4.

職業是專職操盤手

誕生在能善用「很會玩遊戲」
這項技術的時代眞是太好了。
交易不過是「搶奪金錢的遊戲」，
現在的我不過是專職操盤手。

交易是「搶奪金錢的遊戲」

交易，說穿了不過是「搶奪金錢的遊戲」。

以我為例，比起搶奪金錢，我更熱中於玩遊戲。

我本是一個普通的遊戲玩家。

只是順勢變成專職操盤手。要是我出生得早一點，或許這輩子只能庸庸碌碌的過完平凡一生。

誕生在能善用很會玩遊戲這項技能的時代，真是太好了。

正因為在這個時代成為專職操盤手，才能累積到兩百三十億圓的資產，而且其中至今仍有一大部分投資在股市裡。

我操作的金額經常是以億為單位，因此也曾經想過「這要是在明治時代，只有政府有能力運用這麼多錢吧？」想歸想，我也沒打算因此蓋一座製鐵廠之類的大事業，所以其實根本不需要賺這麼多錢。

我是因為好玩才玩股票的。

專職操盤手的一天，從七早八早就揭開序幕。

大概八點起床，八點五十五分在電腦前就定位。

但是如果買賣超過一百億圓的時候，我從半夜就會醒來三、四次，並從一早六點半開始觀察匯率，思考接下來怎麼做，我對此樂在其中。

以前還會盯著美國市場，操作一整天，結果腎上腺素大量分泌，搞壞身體。

所以現在基本上只做早盤（上午盤）。

早盤的重點在於大部分的情況下，股價在九點到九點二十分之間最活潑。

接下來的時間我會看看漫畫或雜誌，做點別的事，頂多稍微瞄個兩眼。不做午盤（下午盤），而是出去走走。每週和投資人朋友打兩三次麻將，打完再去喝酒。

我對配股配息沒興趣，因為沒賺頭

基本上，我不做長期投資。

因為我連明天的股價都不知道了，怎麼可能預料到半年後或一年後，甚至是十年後的股價。

忘了在哪裡看到一篇文章，報導上百位世界知名分析師長期預測的結果，從結果來看，命中率在百分之四十五到五十五之間。

平均下來約為百分之四十九，還輸擲銅板命中機率百分之一。

就連專攻預測的分析師，也沒比擲銅板好到哪去，可見預測有多麼靠不住。

看盤就知道現在大家都在買賣什麼股票，這點對買家是很有優勢的。**我認為比起放眼未來，抓住現在的優勢還比較有搞頭。**

還有，我的目的就是交易本身，對投資社會或是配股配息及股東權益一點興趣也沒有。因為我認為配股配息幾乎賺不到錢，所以也懶得參加。

唯一的例外，是我持有吉野家控股集團和松屋食品控股集團的股票，因為可以每年免費吃十次松屋。

提到松屋，不用排隊買餐券也是股東權益之一。省去在售票機前排隊的時間，直接進店裡坐下，遞出優待券，就能吃到「大碗牛肉飯套餐」。

我剛開始玩股票的時候，便買進可以享受優待的最小單位，一直抱到現在。我玩股票的歷史將近二十年，因此幾乎等於是充滿回憶的紀念品，每年都會收到少得可憐的股利和優待券，但我偶爾才吃一次，主要都送給朋友了。

還有一次，我去鳥取時，買了塑膠軟管包裝的青蘋果膠原蛋白果凍當伴手禮，回家享用後因為覺得很好吃，還買過生產這項商品的公司「壽 Spirits」的股票。

當時我去鳥取的時候，連設於機場的店鋪都沒什麼生意，再加上當時的壽 Spirits 股價也很便宜，忍不住擔心「不要緊吧？」

懷著但願不要倒閉的心情買進後，在 2ch 寫下「壽 Spirits 不錯喔」的貼文，第二天這家公司的股票就漲停了。

買進後一直沒去理，前陣子才發現股價比當時漲了好多，於是驚喜的賣掉了。因為從現在的資產規模來看，就算繼續持有，也不會再增加到哪裡去。

後來我重新調查了一下，原來壽 Spirits 併購了各種糕點業的公司，變成多角化經營的大企業。我當初還擔心它會不會倒閉，沒想到這家公司其實很努力在經營。

我還在當上班族的時候，曾經在叔叔的公司工作過，當時的主要交易對象是某家橡膠產品的公司，那家公司的股票是我唯一看在人情上繼續持有的股票。

辭職的一年後，我已經賺了不少錢，基於「希望叔叔的公司能一直接到訂單」的想法，大量買進那家公司的股票，至今仍是帳面上的大股東。

我沒向叔叔報告這件事，但聽說叔叔接過那家公司的電話。

「以前在貴公司上班的〇〇買了很多我們家的股票，該不會是要炒作或併吞吧？」

感覺真不可思議。

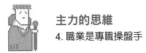

以前去跑業務的時候，談到交期或品質的問題，得死皮賴臉的纏著對方討價還價。一朝成為大股東，去露個面或參加股東大會時，換對方殷勤的主動寒暄：「〇〇先生，好久不見了。」

買的時候大約花了四千萬圓，二〇一八年初已經漲到一億圓左右。基本上，我不會做不合乎經濟效益的事，只是反正上漲了，再加上心裡多少有點對自己說辭職就辭職的行為感到過意不去，所以就一直抱著。

叔叔的公司沒有上市，無法購買股票，所以這也代表我的一點心意。

我成為全方位投資人的理由

我幾乎從未把單一個股，或每天的盈虧放在心上。

假設買進十支股票，我根本不在乎其中哪幾支股票上漲。

其實只要想知道還是能知道，但要說不在意，我還真的不在意以一天為單位的賺賠。因為行情一直在變，想太多也沒用。

當我還在上班時，還有思考賺的錢是薪水幾倍的感性，自從變成專職操盤手以後，反而沒有這種感覺。

也有人會採取某些特定作法，例如擅長操作小型股，或只在暴跌的時候買。

大家都說我好像會用各式各樣的手法全方位操作，那是因為我的總資產變多了。

自從資產超過四十億圓以後，不管是大型股還是期貨或美元，光靠單一投資無法讓資金做最有效的運用。

有個名詞叫「波動率」（volatility），意指個股的資產價格變動率。以價格相同的股票為例，相較於股價波動只有十圓上下的個股，股價波動高達一百圓的個股其波動率比較高。

把錢砸在波動較大的個股，是最有效率的投資手法，也是我基本的操作模式。

可以的話，我其實也想把錢全部丟進股價波動十分明顯，波動率較高的個股，在漲到差不多的時候獲利了結，但資產一旦膨脹到數十億圓就無法這麼做了。

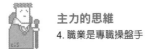

要是我輕易的敲進大單，股價很容易衝上漲停板，賣的時候會引起倒貨效應，導致股價下挫。

就拿日本市值最高的豐田來說好了，雖然能用三十億圓以市價買進五十萬股，但是在買賣的過程中必須承受相當高的流動性風險。只要行情稍微有個風吹草動，投資人就會開始準備倒貨，即使只以百分之一（相當於六十～七十圓）的價差賣掉豐田的股票，還沒賣完，股價就下跌了。

加上現在的演算法會對手動的大筆賣單做出反應，如果要有效率的買賣豐田的股票，最多不能超過三十億圓。

由此可見，當資產變多，就很難有效率的專注在某一支股票上。明明賺不了多少錢，為了找出好股票，晾著多餘的資金，不用實在是本末倒置。

因此包含比特幣在內，我不得不研究所有能賺錢的投資工具。

我目前的交易以日經二二五指數期貨為多，基本上的交易量為五百～六百張。一旦日經平均指數來到兩萬圓，大概會買進一百億～一百二十億圓。平常則觀察狀況，買個兩百張左右。有時候不僅沒賺到錢，光一天的手續費就賠掉一千五百萬左右，這種情況也在所多有。

可是像這樣觀察每天整體行情的市場面，就不會錯過市場大幅變動的時機。

日銀或川普的動靜也可能會影響股市，所以我隨時都在觀察有沒有這些干擾市場的要素。

也可以說是為了賺一票大的，隨時都在留意變化。

話說回來，因為自己下的單而導致股價大幅波動的買賣對我太不利了，所以不想做。

假設從一千圓開始買進，買完時股價漲到一千一百圓，不自然上升的股價會招來其他買盤，使得平均買進單價落在一千零六十圓上下。

再假設從一千圓一百圓開始賣出，賣完時股價跌到一千圓，因為賣盤會呼喚賣盤，使得平均賣出價格落在一千零四十圓上下。

只是買賣的單量大了點，資產就縮水了。

所以假設從一千圓開始買進，我只想買入股價不會漲到一千零一十圓的數量。

這麼一來，買進與賣出時的差額就能控制在兩圓，也就是千分之二左右。

邊看盤邊操作其實能買得更有效率一點，但我並不想從事會讓上述差額擴大的買賣。

投資房地產是自討苦吃

我也試過投資房地產，但感覺與其說是投資，不如說是強制勞動。

雷曼風暴後，房地產價格暴跌，所以我買了大樓，就當是學習。

我家附近沒有便利商店，心想買下附近的大樓租給便利商店做生意，以後的生活就會方便許多也是原因之一。

目前我在東京有兩棟大樓、一棟華廈，在名古屋也持有一部分的大樓。

結果我得到了「早知道就別買」的教訓。

大樓房東或許是人人稱羨的對象，這可真是大錯特錯，因為根本賺不到錢。

我持有的大樓換算成市價約二十～二十五億圓，從中得到的房租收入扣完稅大概還不到三千萬，投資報酬率連百分之一點五都沒有。

就算土地價格不變，建築物也會年復一年折舊，想要招商也不見得能招滿。

要是再考慮到遲早要大規模修繕，報酬率連百分之一都不到。

再加上還得填寫各種文件，身為房東有很多義務，而且不是想脫手就能馬上賣掉的東西。

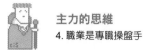

我認為如果有錢買大樓，還不如把這筆錢拿去做其他事還比較輕鬆，也比較賺得到錢。單是買美國國債，每年就有百分之二～三的投報率。**也可以再多花點技巧，將資金分散於購買十家不用擔心會破產的美國公司債。**已經發行的公司債平均都能有百分之四左右的報酬率。如果不想承擔匯率風險，每年只要多花千分之一～二，就能完全避險①。

購買這一類的債券需要一點技巧，但是耗費的心力遠比房地產輕鬆多了。既不用背負房東的義務，還有四～五倍的投資報酬率。

大樓房東就給那些想當大樓房東的人去當吧。要我說的話，大樓房東根本是吃力不討好的工作。

感覺就像是某種懲罰遊戲，一點也不誇張。

順帶一提，我自己住在租來的房子裡。

當初從家裡搬出來的時候，資產為兩億圓，住的是房租二十八萬圓的華廈，因為從那裡去打麻將很方便。

後來生了孩子，資產也增加了，就搬到現在住的地方。加上兩輛車的停車場，每個月的房租是一百八十萬圓。並非高塔式住宅，而是低層大樓。我個人不大理解住在高樓大廈的價值，出個門就要花上五分鐘也太麻煩了。

我覺得租房子很方便，所以也不想買房子，當大樓房東已經讓我受夠了持有房地產這件事。

像現在這樣住在租來的房子裡，就連電燈不亮，只要跟櫃台說一聲，就有人來換燈泡。上網訂的整箱保特瓶麥茶也會幫我搬到家門口。要洗的衣服只要交給櫃台，櫃台就會幫我送洗，還會幫我去拿回來。

我絲毫沒有想蓋一棟屬於自己的房子，當一國一城之主的念頭，

①原文並未提及具體的避險方式，但一般而言，匯率風險可藉由外匯期貨、貨幣選擇權等方式來迴避。

認為那只是一種自我滿足。**對我而言，能幫我把整箱麥茶送到家門口的方便性還比較重要。**

投資最重要的是效率

有位一起做股票的朋友在大約四十歲的時候花五億多買了房子。買房子本身沒有對錯，不過他當時的總資產只有七億圓，所以只剩下一億多。

這也太荒唐了吧！

他的理由是，玩股票永遠不知道明天會發生什麼事，所以想留給老婆孩子可以握在手裡的東西。

我忍不住反唇相譏：「既然要做這麼沒效率的事，為什麼還要玩股票？」可是房子買都買了，最好的方法是就算虧點錢也要趕緊賣掉，否則就拿房子去抵押，可以借到多少錢就借多少。我費盡唇舌想要說服他。

只要待在股市一天，手上的現金就是力量。

愈是靠投資賺錢的人，花在投資以外的錢就要更小心謹慎。

感覺大概是賺到一億圓只能花六百萬。

一旦超過一千萬，就要有花太多錢的自覺。

要是沒了本金，就無法賺大錢，也無法採取比較強勢的策略。

我個人認為最有效率的投資方法是找出能大撈一筆的機會，盡可能把全部財產都投進去。

所以我才會鎖定股價波動比較劇烈的個股，小心翼翼的保管著可以孤注一擲的資金。

我認為效率就是一切，絕對不會像他那樣。就我的判斷來說，他大概有百分之二十～二十五的機率會被股票市場洗出去。

結果他並未抵押房子借錢，而且還是讓本金增加了。每次提起買房子的事，我都會教訓他，身為操盤手，他做出了錯誤的決定，但市場就是因為也有這種人才好玩。他的名字叫降臨，是作風相當老派的賭徒，當時的外表與流氓無異，但現在則是不折不扣的老好人。

我目前的資產只有不到百分之一是長期持有的股票，黃金與白金占百分之二，百分之十是房地產，還有百分之十是再保險商品，外幣計價的債券占了百分之六左右，剩下的百分之七十都是現金。

因此大約有一百六十億圓的現金，每次進場的時候先會扣掉存在另一個戶頭的十億圓稅金，用剩下的一百五十億圓來交易。

黃金和白金是為了以備不時之需的退路。

雖說要先另外存好一筆家人的生活費，才能盡情的在股市裡殺進殺出，但是萬一東京被炸彈摧毀，其他資產全部付之一炬，憑我的體力可能也保護不了那些黃金白銀不被搶走，這麼一來就失去保障的意義了。

房地產和再保險商品都是為了學習才買的，我已經深刻的領悟到投資房地產有多麼折磨人了。

我不只對買房子沒興趣，也絲毫沒有想要高級的手表或名車的欲望，對名牌不屑一顧，衣服多半是優衣庫的產品。包含鞋子在內，我對身上穿戴的東西是貴還是便宜毫不在意，頂多買愛馬仕的喀什米爾毛衣，因為真的很好穿。

也完全沒有結交明星的欲望，與不認識的人見面只會徒增疲憊。沒有小飛機，也沒有遊艇，更沒有別墅。比起擁有那些東西，付錢用租的還樂得輕鬆。

若說我買過什麼昂貴的東西，頂多只有葡萄酒和香檳，但也不是非喝不可。

再來就是付費的手機遊戲，我付了將近九千萬圓給目前正在玩的遊戲《天堂二：革命》。我是聽過有人花在手遊的錢可以買一輛車，但是可以買一棟房子的人應該不多。

「好人」很容易破產

一旦變成有錢人，煩心事也愈來愈多。

我經由推特收到的訊息多到宛如雪片般飛來，其中有人會向我借錢，也有人要我出資。

向我借錢的人大抵都是「女兒生了重病需要錢」之類的理由。

要我出資的人則多半會獅子大開口，以「可以買下我的公司嗎」或「想不想參與首次代幣發行，成為虛擬貨幣的經營者」為由，動輒以十億圓為單位。

二〇一八年多出好多與虛擬貨幣有關，讓人聽得一頭霧水的要求。

玩股票玩得不亦樂乎，而且在股市裡戰無不勝、攻無不克的我根本沒理由去摻合那些莫名其妙的事。

搞笑的是，自稱女兒生病的帳號，約莫一個月後又寄了不同的私

訊給我。

「只要幫我度過眼前周轉不靈的難關，我的事業就能撐下去。敝公司每年有〇億圓的利潤，一定會連本帶利還給你。」至少換個帳號再來嘛。

我曾試著把這些訊息的要求金額都加起來，結果半年的訊息量就超過了我的資產總額。

破產是件很容易的事。只要當半年「好人」，全部答應他們的要求就行了。

從以前就有很多親朋好友來向我借錢。

金額以前約五十～一百萬圓，現在是一百～一千萬。要是借了，對方不還，是會破壞人際關係的金額。

我這輩子只有兩次經驗是，在很熟的朋友真正有困難的時候，估算對方需要多少錢，給他十分之一。

不是借，是給。都說借錢的時候要抱著把錢扔進水溝的覺悟，只要有一點點期待對方會還的念頭，心裡就會留下疙瘩。正因如此，我才給他這筆錢，代表我能幫忙的極限。

這麼一來，既不會有金錢上的損失，也不會傷害到人際關係，而且對方通常會真的東山再起。也有人想還我錢，但我覺得下次請我吃飯就好了。

想讓我掏出錢來，除非在投資的世界贏過我，再不然就是設計出非常好玩的遊戲讓我付錢。

人往往不懂運用金錢的意義

經常有人希望我幫他們運用金錢，例如「我把一百萬圓存在你那裡，可以請你幫我增值嗎？」的要求屢見不鮮。

運用別人的資產壓力太大了，我絕對不幹。

根據過往經驗，我知道即使是一開始說失敗也沒關係的人，虧損的時候還是會對我恨之入骨。

明明賺錢又不能放進自己的口袋裡，為什麼要承受被人恨之入骨的風險呢，完全不合乎投資報酬率。

寄放一百萬在我這邊，即使翻了三倍，也只賺了區區兩百萬。考慮到耗費的心力與煩憂，甚至會覺得直接給對方預計能賺到的金額還比較輕鬆。

主動提出「資產拿來我幫你運用」的人，就算瞎貓碰上死耗子賺到一點錢，虧損時也會躲得不見人影，簡直跟詐欺沒兩樣。

萬一我想成立避險基金，可能還會集資，可是拿別人的資金操作總有責任，無法輕鬆運用。成立公司還要上班也很辛苦。

移民到新加坡，成立類似所謂的「村上基金」②……這種事恕我辦

---

②由日本股市名人村上世彰所成立的基金。

不到。我是專職操盤手，既沒有募集基金的整合型才能，也沒有想為世人努力的雄心壯志。

覬覦退休金的妖魔鬼怪

聽說多年沒見的老朋友成立了避險基金，受託進行退休基金的運用，金額高達五十～一百億圓。

或許不是所有的退休基金運用都這樣，但我聽說現在好像是個「受託的那一刻就會上漲」的時代。依合約而異，有的基金每年要收取百分之三的信託手續費，所以五十億圓的話，相當於一億五千萬圓。三年結算下來一旦虧損即解約，但三年下來可以淨賺四億五千萬圓，就算解約也划得來。

因為在受託的那一刻就會上漲，所以光簽約就夠了，說得極端一點，接下來就算不買賣也無所謂。只要把公司開在香港，大概也不會有人一直吵著要看買賣紀錄，就算三年來都在日本夜夜笙歌也沒問題。

如果有三年結算下來一旦虧損即解約的條件，也只要買進可能會暴漲的個股放著就好了。一旦漲了可以續約，要是沒漲則推說「真不好意思，果然還是不行」來斷尾。

我聽到這件事的時候，心想至少要對這樣胡亂運用基金的人處以五十年的刑期才行。ＡＩＪ投資顧問搞出來的詐欺案，讓退休金瞬間消失了一千三百億圓左右，導致企業不再將退休金交給一家公司操作③。如果以為這麼一來就不會再出現退休金詐欺案，那真是倒果為因了。當然我不能說一定會再度出現詐欺案，但一年有好幾兆圓的金額假手續費之名，從退休金流進黑洞也是不爭事實。為了爭取到這塊

③二〇一二年，日本ＡＩＪ投資顧問公司驚爆涉偽造投資報告，所管理約兩千一百億圓企業客戶資金，九成已化為烏有消失不見，恐遭鉅額虧損。

委託的大餅，也難怪基金或證券公司裡的妖魔鬼怪，全都卯足了勁。

倘若由大公司操作，有時候會以行政單位的退休金負責人能接受的構成比例，機械化的購買日本國債、豐田汽車、NTT DoCoMo 等大型股。從正派經營的角度來說，確實很正派，但實在不值得在這上頭浪費手續費，所以最好還是別這麼做。

根本不需要把退休金交給基金經理人操作，要是有那麼多的資金，不如研發優秀的人工智慧，交給人工智慧操作是最理想的選擇。

如果要運用退休金

我的投資人朋友曾經對我說：「如今連政府都靠不住，所以我希望把退休基金交給你管理。」想當然耳，操作那麼龐大的資金根本不合乎投資報酬率，所以我絕對不幹，不過以沙盤推演來說，倒是挺有趣的想像實驗。

如果是我，首先，我不會投資日本市場。

像退休基金那麼龐大的金額，在國內操作的效率太差了。**如果在國內操作，大部分的情況等於是奪取日本人的錢。**幫同胞搶奪同胞的錢，一點意義也沒有。

我會分散投資以美元計價、高殖利率、看起來快要倒閉的公司債，花千分之一～二就能規避美元的匯率風險。

這麼一來，我認為整體的殖利率應該會有百分之五左右。假設有兩百兆圓的資金可以運用，百分之五就是十兆圓，再以複利增值下去的話，效果非常驚人。

與其交給莫名其妙的基金操作，讓他們胡亂操作，還被中間人收取手續費，倒不如設計得簡單一點。

還有，我也假想過一旦負責運用國家的資金，是不是可以推行哪些措施。

好比說民主黨執政的時代，匯率曾來到一美元兌七十六圓，這是因為其他國家都採取貨幣寬鬆政策，日本卻不比照辦理的緣故。要是可以在那時候運用資金，我會拚命購買海外的石油或資源的開採權，或是可以開發的土地等。

因為日圓升值，海外資產相對便宜，可以大量收購。然後我再回頭拜託日本央行「日銀大人，多印一點鈔票嘛」。提升貨幣的信用價值不管對哪個國家都是難題，但是降低信用，讓貨幣變便宜倒是簡單得很。如此一來，日圓就會貶值。

只要收購世界各地的資源使用權，日本政府就能賺很多錢。然後再管控好貨幣寬鬆政策，要賺到一百兆圓大概不是件難事。

但是這麼一來肯定會遭受國際社會的仇視，可能還會引起暴力攻擊，或受到美國的威脅。最後落到不得不放棄一部分甜頭的結果。

就算有在市場上大勝的方法，也可能因為一些因素而功虧一簣。

絲毫沒有當老闆的才能

也有人對我說過，既然這麼有錢，為什麼不開投資公司。

事實上，我曾經開過一家交易公司，但是以失敗收場。

我成立了一家公司，雇用五位大學朋友，直接教他們買賣股票，原本還以為至少有一半的人可以賺進上億。

當時我的資產超過二十億圓，以新日鐵（現在的新日鐵住金）等大型股為主戰場。心想倘若增加自己的子弟兵，讓他們操作自己沒有餘力操作、波動率比較高的新興個股，不是能賺更多錢嗎？

我開出月薪三十五萬圓，百分之二十業績獎金，每年換約的薪資條件。

他們並不是天才，但至少比一般人聰明，只是還沒有當沖的經驗。我選了最適合的人，還以為這真是個好主意。

雖說要教他們，但如果由我做出指示就沒意思了，學我操作也沒什麼意思，所以我只教他們基本的理論，像是買賣股票的基本心法是順勢操作。還製作講義，每兩週開一次課。

明明教的東西都一樣，買賣的結果卻南轅北轍。

會獲利了結的人就是會馬上獲利了結，有人能承受很大的虧損，也有人動不動就停損，還有人會買了再買，總之作風因人而異，沒有所謂的合理可言。

我還以為這樣能賺很多錢，但完全失算。

每個人都從一千萬開始，兩年操作下來的結果，只有一個人變成兩千四百萬，然後是稍微賺一點和稍微賠一點的人，也有人賠了好幾百萬。

賺錢的人會在漲停的時候繼續買進，雖說「持續上漲的股票就會再漲」，但這需要非常大的勇氣才能確實執行。

從整體角度來看，我大概只賠掉薪水的部分。

35萬圓×5人×24個月，所以是四千兩百萬圓。

現在再回過頭看，光靠上課是不行的，人的本能會反應在買賣上。再加上激勵機制，一扯到金錢，人總是會輸給本能。

在學校念書或找工作的時候比較腳踏實地的人，作風會傾向保守，從事利潤非常低的買賣。另一方面，在校時豪爽的說「明明要考試卻不小心睡過頭」或「明明是必修科目卻死當」的人，對損益也會比較不放在心上。

在漫畫《投資人Z》裡，描寫升學率非常高的完全中學有一個投資社團，由國高中生操作莫大的資產，為學校賺取經費。

我們做的事大同小異，但是卻無法像漫畫中描繪的那麼順利。

話說回來，我認為那本漫畫不大寫實。

人類的本能沒那麼容易克服，很容易偏向保守或積極進攻的其中一方。平凡的國中生或高中生突然開始投資還成功的話，只能說是運氣比較好。

後面會再詳述，我曾經請老朋友當槍手，成為打小鋼珠的霸主。我當時被騙過，害我對人際關係感到疲憊，深刻體認到自己沒有管理人的本事。

對了，前文提及唯一一個將一千萬圓增加到兩千四百萬圓的朋友，後來繼承家業，成為房屋仲介的老闆。看來他比我更適合當老闆。

除了這家投資公司以外，我還有兩次試圖創業但失敗的例子。

一次是成立名為「與股同行 Net」，專門討論投資的社群網站，因為乏人問津，會員只有小貓兩三隻，從二〇一一年就不再更新，變成廢站。

另一次是成立名為「T＋＋」的公司，研發下單工具，可是完全做不起來，只好辭退所有員工，把股票全部賣給一起成立這家公司的個人投資者 maspro。聽說他偶爾會在自家維護這個網站，所以似乎還有一點收入。

由於公司在我放手以後轉虧為盈，我不得不確信自己真的沒有創業天分。

創業時，公司愈小愈習慣將人事成本壓到最低，為此就必須壓榨員工，減少給他們的薪水。

現在回想起來，那種事我完全辦不到。

我很怕遭人憎恨，面對面的要求對方「希望你辭職」會造成我精神上很大負擔。

這種事我實在辦不到。

再擅長為股票停損，也不敢叫別人捲鋪蓋走路。

因為缺乏這方面的天分，所以我放棄創業。

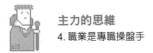

5.

靠玩遊戲，訓練投資需要的技術

遊戲是我的原點。

要是我父母討厭遊戲或賭博，

就不會有專職操盤手 cis 這個人。

遊戲是我的原點

投資需要各方面的能力。

股市基本上也需要集中力、判斷力，及持續力這種一般工作也要求的能力，但我認為工作要求的能力，與股市要求的能力不同。

同時，還需要能讓交易本身順利完成的基本技術。

為了以自己想買的價格買到股票，必須要有迅速輸入指令，及瞬間對股價波動做出反應的反射神經，好比在 J-Com 股票錯帳事件時，立刻快速手動買入。**光是迅速敲幾下鍵盤，我就能創造出好幾億的獲利。**

此外，也要研究對手。股市的事，最好向股市學習，所以再也沒有比緊盯股市行情更能提升能力的方法。只要事先研究過目標企業，就能理解目前的股價為什麼會波動。

再加上市場時時刻刻都在變化，或許自己沒留意到的地方已經開始泡沫化，出現暴跌預兆。要是做股票的時候沒能同時觀察各種盤勢及指標，就算賺錢也很有限。

我本身是透過玩遊戲來訓練這方面的能力。

尤其後者的基礎能力主要是靠打電動鍛鍊出來。《快打旋風II》有助訓練立即輸入指令的動作及反射神經，《網路創世紀》教會我事先研究對手的重要性，《世紀帝國》則拓展我的視野，提升我的應變能力，讓我能看懂瞬息萬變的局勢。

當然還有一個重點，要是我在父母不准小孩玩電視遊樂器的家庭裡長大，大概就無法成為一位專職操盤手了。

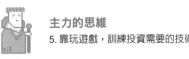

一切始於柑仔店的抽抽樂

我從小學就是重度遊戲玩家。

我在東京都板橋區長大。

小學的時候，柑仔店有一種抽抽樂的遊戲。大盒子上綁著寫有數字的繩子，三十圓就能抽一條。但凡和我同世代的人，大概沒有人沒玩過吧。

最大獎為兩百圓，當然也可能摃龜。而且就算中獎也不是收到兩百圓的現金，而是價值兩百圓的禮券。

有一次，家裡很有錢的朋友說：「全部買下來會不會比較划算？一次買整盒看看。」一口氣買了兩盒，還不是一盒。

計算中獎的結果，換算成金額大概占成本的百分之九十，但是只能換零食，由此可知是不折不扣的負和遊戲（minus sum game）。

但這不是重點。

重點在於兩盒的中獎數字一模一樣。

也就是說，這麼一來以後就知道會中獎的數字了。

當然，因為有好幾種盒子，並不能保證一定會中獎。

可是我由此得知世上有期望值比較高的法則或攻略法，這件事大大影響我往後的人生。

後來每當柑仔店進了新盒子，我就先把那些號碼抽起來，抽走大獎後再把獎品賣給朋友。

店裡也賣如果中獎就可以再來一個的紅豆沙麻糬，經由我的仔細觀察發現，中獎的麻糬大小有點不大一樣。我看穿這點，把中獎獲得的另一個麻糬便宜賣給朋友，同時也找到每天可以小賺五十～一百圓的遊戲。

小學的時候，我每個月的零用錢是當時的年級再乘上一百圓，等於一年級的時候是一百圓，二年級的時候是兩百圓……零用錢少得可憐，所以利用柑仔店的攻略賺錢是一筆很大的進帳。

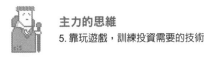

不只能賺到錢，還因為知道買什麼會中獎，成為朋友口中的「神」。

小學時還發行過「虛擬貨幣」。在柑仔店賣的玩具紙鈔背面寫上我的名字，在朋友間流通，和我交換零食或文具就可以得到這種貨幣，用這種貨幣可以來我家打電動或加入我發明的遊戲。

例如為紅白機遊戲裡，受歡迎和不受歡迎的角色標註賠率來比賽，每次都用擲骰子的方式選擇角色，只要能以厲害的招式贏過對方，就能得到獎金。

我從以前就很喜歡發明這類的遊戲。

也是從當時就知道一旦發行太多鈔票，鈔票的價值會下跌。我本來就很擅長玩遊戲，再加上我設計的都是莊家比較有勝算的遊戲，所以通常都能回本，再用那些虛擬貨幣換零食來吃。

這個模式順利運作了一年以上，直到有一次不小心增加了太多貨幣，導致通貨膨脹一發不可收拾，才短短的一個月就無法運作了。

現在回想起來，這次的親身經歷或許也影響了我對國家的信賴及操作股票的態度。

我從小就喜歡各種遊戲。

經常和兒時玩伴玩紅白機或卡片遊戲，贏了固然很開心，輸了也不大會有不甘心的感覺。

比起輸贏的結果，我從當時就更重視「如何提高獲勝機率」這件事。

假設玩到一半，我的勝率已達七成，就算稍後以極低的機率被逆轉勝，我也幾乎不會產生不甘心或輸不起的心情，**反而感謝對方讓我在勝負中學到東西。**

直到現在，比起結果如何，我更重視的依舊是能否在過程中做出最好的判斷。

以打麻將為例，就算最後輸錢，只要過程中做出最好的判斷就行了，我就是這種人。

即使是將棋或圍棋這種不存在機率的遊戲，我也覺得是很有趣的嗜好。

可是那些遊戲完全取決於頭腦戰，玩得不好的人幾乎不可能贏過玩得好的人。麻將或撲克牌則有機率因素，即使玩得不好的人對上玩得好的人，也還是有一點勝算，所以我認為是很好玩的遊戲，還能藉此賺錢維生。

國三開始打小鋼珠，高中成為機台終結者

小學的時候，因為我是三月出生①，身體瘦瘦小小，所以在運動會的賽跑項目不是最後一名就是倒數第二名。從生物的角度來說，我認為幾乎所有人都比我優秀，完全沒想過自己能闖出什麼名堂。

所以我一直覺得只要能樂在當下就好了。

小學打過棒球也踢過足球，但是都打得很爛、踢得很爛。

國中一定要參加社團，所以我選了網球社。因為我當時還有很多其他興趣，只是選擇最輕鬆的社團加入。

當時我已經知道，懂得利用規則的人才擁有力量，升上國中三年級時，為了能合法的偷懶，我主動跳出來選社長，以便向大家宣布：「今天的社團活動從四點半開始。」自己則跑回家休息。

或許是因為當時學校有很多不良少年，所以我國中時代的成績一直是全學年第一，只要開一晚夜車就能考高分，非常有效率。

即使交出了漂亮的成績單，一到全國模擬考就原形畢露。好的時候可以考出六十五的偏差值②，不好的時候頂多只有四十五。雖然成績還不錯，但我很清楚自己非常討厭讀書。

---

①日本學制從四月到隔年三月為同一屆，三月出生的小孩等於比同齡者早一步入學，也會比同年級的大部分同學小一歲。

②日本用於評估高中生的學力制度。

我在國三開始打小鋼珠，當時的法規還很寬鬆，起初由父母帶我去玩，後來我開始自己一個人去。自從開始有勝算以後，我每個禮拜會蹺兩次課，當時還有所謂的早鳥優惠，所以我一早就去打兩、三個小時的《綱取物語》。拜早鳥優惠所賜，平均每天可以贏七千圓左右。

我們家是很普通的家庭，父親是會玩股票、賽馬、小鋼珠的上班族，而且都是拿零用錢去玩，通常總是輸得精光。至於我則是連壓歲錢也只有三千圓，所以靠小鋼珠賺錢是很重要的外快。

包括選機台在內，我走遍了小鋼珠店，進行研究，如此一來，勝率逐漸上升。

當時的玩家很流行積極的在網路上公開最新的小鋼珠攻略法，包括各種機率在內，提供給其他玩家在數學上占絕對優勢的資訊。我從國中就對這方面的資訊很有興趣，自己也加以研究。

每當有人在網路上公開新的攻略法，那種機台往往兩天後就不給玩了。

或許是當時上網的人口還不多，網友們的服務精神非常旺盛。比起提升自己的技巧，獲得網路上的資訊更有意義。

走遍小鋼珠店的過程中，也學會了怎麼看機台內的釘子。只要找到好打的機台，我就會呼朋引伴，讓他們去打那台。這是我升上高中，十六歲時的事。

以每天賺三萬圓為目標，從機率、環繞數出發，一旦發現好打的機台，就打電話給其他高中生：「你來一下。」付給他一萬圓的日薪，請他幫我打。

我用這個方法在高中就存到兩百萬圓，大學也繼續依樣畫葫蘆，二十歲就有兩千萬圓的存款。

「敢做壞事就不要被發現」

我在當「職業小鋼珠玩家」圈老大的那段時間，父母大概都知道我在做什麼。因為有些看起來不大正派的人會守在換成現金的地方，不想讓他們發現我賺錢的時候，我會直接帶著獎品回家，當家裡琳琅滿目的堆了將近二十萬圓的獎品，想也知道瞞不住。

這時我爸媽的反應一分為二。

我媽的反應是「告訴我哪一台比較容易中獎」。

相較之下，我爸則說：「賭博沒有穩贏的，還是要好好讀書。」「用功讀書吧，去念理工科就能找到工作了。」

我很慶幸爸媽的價值觀不一樣，要是側重於哪一邊，視野可能會變得狹窄。

高中時代，我曾經和熱愛賽馬的朋友利用文化祭的機會去賽馬場，結果被輔導。

當時我是風紀股長，在校內逛了一圈後，若無其事的溜出學校。

這也是基於「合法蹺課」的出發點。

因為我念的高中不用穿制服，還以為這樣就沒事了，卻忘了摘下風紀股長的臂章，被逮個正著「你是高中生吧？」

對方說：「一定要通知父母或學校。」所以我選擇告訴父母：「那就通知父母吧。」

回到家，母親只對我說：「你敢做壞事就不要被發現啊。」我媽就是這副德性。

國中明明是全學年第一名，高中成績卻是全學年三百個學生裡的兩百五十名。因為我老是遲到早退，只顧著打小鋼珠，很少去上課，連我自己也覺得自己是個無可救藥的傢伙。

很多科目的課我連上都沒有去上過，國高中都在混，所以就連子女的功課也沒辦法教。

高中時代，我還曾經把打小鋼珠贏來的泡麵塞在置物櫃裡，讓想吃的人自己去拿，結果一下子就被搶光光。我覺得這樣好像不大對，開始以一碗五十圓販賣，只有真正想吃又覺得這個價格很便宜的人才會來買，減少的速度變得比較合理。如此這般，周圍的人大概都覺得我這傢伙很奇怪。

當時只要是全新上市的遊戲，我大概都能玩得比一般人好。

我拚命玩《網路創世紀》也是高中的時候，曾經在比賽中優勝。為了在睡覺時也能累積經驗值，也曾經寫過巨集的批量處理方式。參加比賽時不只將自己的等級練到封頂，也徹底研究對手，擬訂制勝的策略，**於是在比賽中拿下第一名。**

我覺得自己的點子從那個時候開始變得愈來愈多。

如何選擇小鋼珠的機台、分配資金、與找來代打的人相處、爭取學分等。

我把腦力都花在這些事上，毫無與他人做比較的概念。

協助我撰寫這本書的福地先生曾經問過我：「你不覺得男人如果

少了金錢或地位或女人就很難對自己的人生有信心嗎？」但我從以前到現在都沒這麼想過。

我是比一般的高中生或大學生有錢，但我從不覺得自己因此比別人優秀，這點到現在還是一樣。

在麻將的交流網站上學會「學習的方法」

高中畢業後，我考上法政大學理工科。

之所以選擇理工科是受到父親的影響。同樣念理工科的父親告訴我：「文科可以靠自己學習，但理工科很難靠自己學習。」

雖然我從高中就靠打小鋼珠賺錢，但未來不見得還能繼續靠這樣的方式賺錢。普普通通的出社會工作，當個上班族活下去不失為一條路，這也是我報考大學理工科的原因。

我上了大學也繼續靠賭博賺錢。

早上十點去學校，先給雇來幫忙打小鋼珠的槍手十萬圓，晚上十點再去找他，扣掉最初的十萬圓，根據當天的戰果多退少補，再付他薪水——我每天幾乎都在做這些事。

要不然就是去找打麻將的牌搭子。大四的時候還做了帳簿，儘管是贏一千點只賺五十圓的勝負，最後看帳面上的數字還是贏了幾十萬圓，不過其實被誆了很多錢。

那時候我也玩線上麻將《東風莊》，R值（實力值）為2000，最高達2100，放眼全世界也排得上前幾名，總之我的實力與普通的大學生相差懸殊，每半圈就能贏七、八點，相對於其他人會比較早聽牌，可以同時贏得點數和籌碼。

2ch 有麻將板（留言板），曾經發生過「來選出最厲害的板主吧」的活動，**我自稱「基本上沒輸過」參加這次比賽，也真的贏了**。

當時鑽研網路的人發明許多有效的新戰術，我每天纏著他們打破砂鍋問到底，每當他們打出跟我不一樣的牌，就會追根究柢的問清楚為什麼要這樣打。

基本上，我比較常扮演聽眾，大言不慚的同時，也會不厭其煩的請教。

一旦有什麼從數學來計算絕對正確的新戰術，我一定會馬上採用，有如變色龍般改變打法，後來混跡股市也採取相同的作戰風格。

我從高中時代就每天靠打小鋼珠賺錢，學校的成績永遠都是低空飛過，也沒打過工。這是因為即使是打工，工作一定會伴隨著責任，也很花時間，還必須保持健康。

大學的時候，我差點就去山崎麵包工作了。工作內容是在山崎麵包的工廠上兩天大夜班，進入低溫室製作柏餅，日薪三萬圓。因為朋友們都說要去，為了累積人生經驗，我也打算參加。但是聽到必須在零度或一度的環境下作業，以免柏餅受到損傷的說明後，我果斷放棄。考慮到搞壞身體的機率，我覺得太不划算。

雖然我沒有買山崎麵包的股票，但是根據我的人生經驗，山崎麵包是家衛生管理做得非常徹底的公司。

人生不會因兩千萬圓改變

大學畢業前，感覺靠打小鋼珠賺錢已經到極限了。

要靠這個賺錢，最難的是管理人。

首先是順手牽羊偷珠子的人太多，每次我都覺得箱子裡的珠子好像少了點。被摸走的時候我其實都知道，但因為也有弄錯的可能，所以第一次都先睜一隻眼、閉一隻眼，第二次就開除，而且永不錄用。

也有人掌握住精髓就自立門戶，這部分很難處理，因為沒有什麼實質傷害，但也讓我深深感受到用人之難。

一扯上金錢，人就會選擇對自己有利的方向。

很少人能永遠一直死心塌地的和我配合。

最後只剩下三個國中同學足以信任。這三個人後來都成了上班族，現在也還偶爾一起玩。

用人需要向心力，必須帶給協助自己的人快樂，所以有時工作結束後，我們會一起去吃烤肉。

包含這些費用在內，成本剛好占利潤的一半。加上小鋼珠也多了很多規定，我實在不認為接下來還能一直靠相同的方式過日子。

此外，也是因為我單純的認為小鋼珠不是一門太好的工作。

主要是音量太吵、空氣太差，再怎麼努力打，每天能賺到的錢頂多兩萬圓，而且工作時間超過十三個小時，實在太辛苦了。

綜合以上的因素，我不想一直這樣下去。

雖然二十歲的時候就存到兩千萬圓，但我認為這個金額改變不了人生。

話雖如此，但我曾經以為只要存到三億圓，就能改變人生，只做自己感興趣的工作。

當時正值就業冰河期，到處都不景氣。

大家都說就算找到工作，每個月能領到二十萬圓的薪水就要謝天謝地，而我光靠打小鋼珠就能掙到還不錯的收入，所以也不大能接受從早工作到晚只能領到二十萬圓月薪。雖然我在實際成為上班族後，也覺得上班的模式還不錯。

不過我還是努力尋找不去上班也能活下去的方法。

於是我正式投入賽馬的懷抱。

打小鋼珠賺不了大錢，但如果是賽馬就有可能一夕致富。

我也曾經很認真的看比賽，研究馬的實力係數，但是以結論來說，完全不行。

還本率頂多來到百分之八十一就再也上不去了。一般以「單式」投注③來說，ＪＲＡ④的派彩率（扣除場地費用後，中獎者可以分得的金額）為百分之七十五。雖然我的研究結果，會比這個數字多出百分之六～七，但一點用也沒有。

由JRA做莊，每逢週六的尋常賽事上，光是買十萬都會讓賠率產生少許變動，除非投注金額的規模更大，否則沒有勝算。考慮到這一點，只有每週一場的禮拜天賽事比較容易出現大一點的賺賠。局限性這麼高，實在不大方便。

我當時還很年輕，經由研究賽馬提升實力也很有成就感，所以花了很多時間研究。也曾經以為只要增加命中率，就能突破損益平衡點。

長此以往，不知不覺竟賠了一千萬圓，我這才終於死心，決定靠投資賺錢。

我現在已經很擅長停損了，只可惜當時停損的手腳還是慢了一步。

---

③依序選出前兩名的投注法。

④Japan Racing Association為日本中央賽馬協會。

6.

成為億萬富翁，全拜網路論壇所賜

當我在股市賠掉一千萬以上的時候

遇見了2ch的伙伴，要是沒有遇見他們，

或許我早就被行情洗出去了。

沒有相互扶持的伙伴，或許我早被股市洗出去

二〇〇〇年夏天，我在網路證券公司開戶，存進三百萬圓，開始投資股票。當時我二十一歲。

二十歲以前打小鋼珠攢下的兩千萬圓中，一千萬賭賽馬賠光了，存款只剩下一千萬圓。

當時的存款利率非常低，在我小學時期還有百分之七左右，但到那時候卻只剩下千分之一。這麼一來，就算存在銀行裡也不會生利息。剛好幾年前因為金融大改革，讓證券公司得以自行擬訂要收多少手續費，我認為這無異是個好機會。

順帶一提，我第一次買股票是高中時期，當時剛好碰上 7-11 經常以 1：1.1 的謎樣比例進行股票分割，一股八千圓的股票分割以後，變

成一股七千圓，但沒多久都會站回八千圓，所以每次分割，股價都會實質上漲。

「既然如此，只要購買分割的股票，不就能賺到錢了？」和父親討論過後，我也拿出十萬圓，開始與父親一起買股票。

7-11 的股價順利上漲，但是應該分給我的錢卻被父親獨吞了。

從此以後，直到二十一歲自己開戶以前，我沒有再碰過股票。雖然網路論壇 2ch 盛傳我「連續五年笑傲股市」，但我一點印象也沒有。

不過，因為有過買股票的經驗，我養成觀察股價的習慣，學會掌握波動率。這件事本身是好的。

剛開始做股票的時候，我一直賠錢。

雖然我把手頭剩下的七百萬圓資金和每個月的薪水都丟進戶頭裡，但在餘額最少的時候卻只剩下一百零四萬圓，等於總共賠掉一千萬以上。甚至還借了父母的股票去抵押，結果那些股票也賠光了，這件事我到最後都不敢說，直到我開始賺錢，資產增加的兩年半後適逢老家要改建，我便支付了那筆錢，藉此抵銷當初欠下的債。

儘管如此，我當時還是決定要做三年股票。

倘若研究了三年，再怎麼努力也做不出成績的話，就去做別的事，尋找其他能開心賺錢的方法。如果還要再堅持兩年，就不能孤注一擲的投入全部身家。即使沒賺錢，只要玩得開心，或許還能當成興趣……我一開始是這麼想的。

我現在依舊認為，除了非常厲害的操盤手以外，基本上賺錢賠錢在投資的世界裡只有毫釐之差，是全憑偶然的結果。

只有極偶然的情況下，投資報酬才能勝過市場利率、經濟成長率、國債利率、通貨膨脹率等經濟指標。看來一帆風順的投資不是根本沒看到風險，就是遇上詐欺，沒有第三種可能性。

網友的聚會，教導我制勝方法

我開始賺錢，是在參加 2ch 股票板的聚會之後。要是我沒去，或許早就從股票的世界敗退了。

當時是當沖交易的草創期，2ch也才剛開板。

我們可說都是時代尖端中的最前端。

我們的聚會成員大約有六位男士、兩位女士，男性成員中有 uoa、すくる～じ及びびりおん（以上皆為成員ＩＤ），uoa 現在恐怕已經有兩、三百億的身家，すくる～じ及びびりおん大概也有幾十億身家。

這個聚會，有一半男士賺得大筆財富，想來真是不可思議。

當時我就算平常足不出戶，但只要有跟同好交流的機會，我都會積極的出去跟別人交換情報，這其實是很重要的一件事。

我曾經跟其中一位成員びびりおん一起搭電車回家。

我們年紀一樣大，也同樣有點宅，所以感覺很談得來。

他好像不大擅長與人相處，當時電車上只有一個空位，他說也沒說一聲就一屁股坐下。我抓著吊環問他：「你買了什麼？」他也不看我，只應了一句：「DydoDrinco（日本一家飲料製造公司）。」我沒問原因，因為我隨即反應過來，一旦 DydoDrinco 被納入東證股價指數，股價就會自動上漲，這就是他鎖定這支股票的原因。

那次聚會的效果非常驚人。

當時的我連戰連敗，隱約察覺到購買便宜股票的長期投資法已經行不通了，正在摸索其他方法。這次聚會，讓我確信自己應該往哪個方向走，亦即學會那些真正以億為單位進帳的人所採取的方法。

便宜或貴、這家公司的業績將來應該會成長……這些要素只不過是我個人的自以為是。愈是賺錢的人，愈是只基於短期的股價波動、線圖走勢，或被納入指數等原因買股票。也就是說，只要在乎「眼前的優勢」。

經過那次聚會洗禮，我放棄長期投資，改做只看股價波動的短期

交易。於是過去的連戰連敗彷彿一場夢，簡直是戰無不勝、攻無不克。

當初我參加聚會，並沒有要套消息的意思，沒想到聚會的效果這麼大。

我現在每週也還會跟當時認識的すくる～じ及びびりおん打好幾次麻將。

愈重要的消息，口耳相傳的速度是最快的。

後來我自己也在網路論壇上號召聚會，但我其實很隨興，一時心血來潮便宣布「徵求一小時後能來銀座的人」。

記得有一次在銀座的聚會大概來了八十人。明明辦在銀座，還是有很多人戴眼鏡、背背包，感覺十分突兀，但又非常開心。因為是臨時起意，沒先找好場地，打電話向飯店預約宴會廳之類的場地，得到的答覆是「因為是當天預約，每人需付場地費三萬五千圓，而且不能取消」，所以我付了快三百萬圓。幸好我本來就喜歡與人交流自己感興趣的領域，雖然花了不少錢，倒也心甘情願。

只是後期有幾次聚會氣氛愈來愈古怪，因為玩股票賠錢的人借酒裝瘋的情況愈來愈嚴重，甚至還有賠錢的人當場動手打人。

在連續兩次在續攤的聚會發生不愉快事件以後，我便停止主辦這類聚會。

很難在上班之餘「兼差」

後來我繼續上班，一面賺回賠掉的錢，順利增加資產。

總資產達一千八百萬圓時，我去了一趟中國出差。

當時為解決呆帳問題，政府資金流入銀行，使銀行股水漲船高，我自己持有三井住友金融集團及ＵＦＪ控股（現已改名三菱日聯金融集團）的股票，也利用信用交易將財務槓桿[1]運用到淋漓盡致，而擁有價值三千萬圓的股票。

當時我利用信用交易的財務槓桿，是先買進現股，獲得持有量八〇%的三倍，因此上限是三・四倍左右。不過回想起來，將財務槓桿開到最大時，當融資買進的股票下跌，估值也會以三・四倍的速度下跌，而我的資產也會頓時大縮水。

出差當天是下午三點的飛機，我用手機看盤時，看到股價漲停，心想如此一來隔天開盤前繼續上漲的可能性相當高。

以一千八百萬圓的資產握有三千萬價格波動劇烈的股票，實在像走在剃刀邊緣。當時日本的手機在中國還接收不到訊號，只能知道日經平均指數和紐約的股價指數，而且只有中文及英文的資訊。

結果，出差的第二天股價上漲，隔天暴跌，再隔天我才回國，幸好當時又漲上去，甚至還高於我出發當天的價位，所以我回國的時機

①指可以用保證金的幾倍，有些商品甚至是保證金的幾十倍、幾百倍從事交易的系統。

真的非常巧妙。

以我的操作手法，要是沒去中國出差，應該不會在以漲停開盤的時候賣掉，而是在下跌的時候停損，然後看到再度上漲，又心不甘情不願的買回來，來來回回造成損失。因此從結果來說，當時去出差實在很幸運。

雖然不至於立刻想要辭去工作，但也因為這趟去中國出差的經驗，令我意識到上班族身分對我做股票來說不大方便。

畢竟去客戶那談生意的時候，也不能每隔五分鐘就拿起手機看盤。

所以拜訪完客戶，在回程的電車上終於能看手機時，心裡暗叫不妙的次數也愈來愈多。

以跳空下跌為例，午休結束時，若午盤以下挫開盤，以我的操作手法，賣掉的可能性相當高。可是假如我必須跑業務無法盯盤，那萬一發生繼續下跌的情況，我便無法即時反應。

要是沒去跑業務，我有辦法立刻處理，那這時我賠的金額就不會那麼多。隨著資產增加，我的損失金額也愈來愈高。

總資產達六千萬就辭掉工作

當我的總資產達到三千萬圓，且幾乎全部押在買進軟體銀行集團時，發生雅虎寬頻（Yahoo! BB）洩漏個資事件②。

雖然這對軟銀來說不大嚴重，然而當時軟銀集團的股價波動十分劇烈，市場上充斥可能會跌停的氣氛。

於是我打電話到公司請假：「我發高燒了，今天請讓我在家休息。」**發高燒的不是我，其實是軟銀。**

結果沒有跌停，害我賠了五百萬圓。

② 雅虎寬頻是軟體銀行旗下的寬頻事業部。二〇〇四年，該公司曾經發生四百五十萬客戶個資外流事件。

因為是三千萬圓中的五百萬圓，所以可說損失慘重。

辭去工作，成為專職操盤手是在總資產達六千萬圓的時候。在資產累積到四千萬圓階段，我便覺得這條路可行。

比起身邊其他操盤手，我全職投入股市的時機，可說非常保守。

雖然我有了六千萬圓還會不安，但就我所知許多成功操盤手多半都在資產達五百萬～一千萬圓時就辭去工作。

我的朋友ますぷろ（網路ＩＤ）在資產只有兩百萬圓時便辭去工作，成為操盤手。他只有國中畢業，當過鷹架工，還在地下錢莊工作過，後來成為程式設計師，最後一份工作是在草創初期的網路娛樂內容公司多玩國（DWANGO）上班。

要是繼續待在多玩國，光是可以領到的員工認股就高達兩、三億圓，所以他曾說過「失算了」之類的話，但如今他已坐擁十億圓左右身家。

也是有人慘賠四百萬圓，從二十萬圓本金重新出發，現在賺到將近十億圓，這個人就是我在〈4.職業是專職操盤手〉這章提到的降臨，他用一半以上的資產買了大樓。當然也有人賺到一億圓後開始專職操作，結果賠到傾家蕩產。所以，該在什麼時機成為專職操盤手，實在難以論斷。

我辭職時，擔任社長的叔父對我說：「要是能靠自己開創未來，也是件很棒的事。」但同事和往來的客戶都認為：「年輕人好不容易工作上手了，還以為可以信任了，居然辭職。」這句話或許是出於捨不得，也或許是出於嫉妒或羨慕。

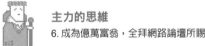

一直賺錢，健康也亮紅燈

辭去工作，成為專職操盤手以後，我的資產便一直增加。

我的操作，順利到論壇的人都說「你少吹牛了」「這傢伙滿嘴胡說八道」，讓我真的非常開心。

另一方面，我的掉髮也變嚴重，拉肚子的頻率也愈來愈頻繁，我在二〇一八年已經拉了兩百次肚子。

我很討厭醫院，平常沒必要是絕對不去，可是身體實在太不舒服，只好請醫生幫忙找出原因，也做了健康檢查。

不只專職操盤手，每位從事自由業的工作者都沒有公司會要求去做健康檢查，所以要自己小心。

健康檢查的報告上說「肚子積水，很可能是一種名為胃硬癌[3]的疾病，所以要做進一步檢查」。

我提心弔膽的照了胃鏡，結果還好沒事。

因為網路上都說「要是胃裡積水就只能再活一年」，害我以為自己是不是來日不多，可是我其實一點大限將至的感覺也沒有。

醫生又說，會不會是幽門螺旋桿菌搞的鬼，檢查後也沒有幽門螺旋桿菌。

不過，我的白血球數量是標準值的三倍以上。這是唯一不正常的地方。

當時的皮膚狀況也很糟糕，還去了皮膚科診所。

幫我看診的醫生告訴我：「不要工作就會好轉了。」

他的判斷似乎沒錯。

人體的構造是一旦集中精神或處於興奮狀態，基於狩獵本能，明明沒有受傷，白血球的數量還是會增加，睡眠中則會減少。除了受傷時需要白血球擊退從外界入侵的細菌外，若興奮狀態持續太久，白血球也會增加。

皮膚科診所的醫生應該也經常為「不知道為什麼，身體就是不大舒服」的有錢人看診，所以一看就知道「這傢伙工作過度了」。

脫髮的問題也不是圓形禿，而是全部掉光光，髮量變得很稀疏，

③指癌細胞侵犯胃壁，使胃壁變厚變硬，通常存活率偏低。

再這樣下去就要禿頭了。

仔細想想，從六千萬圓的資產出發，接下來戰無不勝、攻無不克，順利累積到十幾億身家。

這段時間一直在釋放腎上腺素。

就算晚上累到睡著，也會一直惦記著市場動向，動不動就醒來，打開螢幕，緊盯著幾十支美國個股不放。

戰無不勝、攻無不克固然很快樂，可是一旦太過投入，身體就會吃不消。

以成為專職操盤手後的第二年黃金週，我和老婆一起去旅行為例，黃金週中間夾著兩個平日，那兩天我還特地回東京操作股票。

我是很容易暈車的體質，可以的話真不想搭飛機，可是為了交易，還是一天之內從九州飛回東京，再飛去九州，中間空檔丟老婆一個人在九州觀光。

感覺就像眼前有一大群猛瑪象，不能眼睜睜任由牠們經過。那年賺了二十億圓，換算成時薪，隨隨便便就超過一百萬圓。走到這一步，再也無法輕易休息了。

既不想放過眼前的猛瑪象，又想打開掉在眼前的藏寶盒。

後來我只做早盤，身體也顯著的變好了。下午就只打打麻將或玩玩不那麼刺激的遊戲，讓身體休息。

「我有一億兩千萬，正在徵女友」

身為一個遊戲玩家，我想我確實有投資天分，回顧我的一生，總是很慶幸自己生對了時代。

請容我稍微岔開一下話題，我是在網路論壇 2ch 認識現在的老婆。

《電車男》④在我剛成為專職操盤手時掀起一陣討論狂潮，當時和我一起混的投資客朋友在論壇的純愛留言板上開了「我有三億圓，正在徵女友」的討論串，募集「二十五歲以下，對長相有自信的人」。

因為覺得好玩，我把金額壓低到三分之一，寫了一條「我有一億兩千萬，正在徵女友」的留言，條件設定為「年齡、長相不拘」，結果收到的信件是朋友的一百倍。對女方來說，一億和三億似乎沒什麼太大差別。朋友一個星期都不見得能收到一封信，我卻在十個月內收到三千封信，其中有兩千封是來自同業的冷嘲熱諷。

儘管如此，我還是收到一千封由女生寄來的信。當時我沒有固定的女朋友，心想多認識一點人可以累積人生經驗，將來才不會失敗，因此就以每週三到四次的頻率與她們見面。

我們會相約在某個車站，一起吃飯，再坐計程車送她們到最近的車站，說謝謝道別，可說非常紳士。

除非採取這種標準化行動，否則還真沒辦法持續以每週三到四次的頻率認識新朋友。吃完飯後，倘若還要把精力花在喝酒、唱歌、開房間，我會累到無法認識新的人。再加上是從開放式的留言板募集的對象，萬一出了什麼事，難保她們不會上網爆料。

曾經出現過怎麼看都已經超過五十歲的女性問我：「我對你來說是不是太成熟了？」也曾經有位四十好幾的女性在情人節前夕拖了一個大箱子來給我，裡頭裝滿將近五公斤的泰迪熊巧克力，害我不知如何是好，我想這些都是一般人這輩子不大會有的體驗。

由於對象實在太多，我的時間都被填滿，光是要達成目標就疲於奔命，所以見過一次面的人基本上都不會再見，但還是會在深夜接到電話，或在凌晨兩點收到「我現在可以去找你嗎？」的簡訊，還有其他奇奇怪怪的來信。我算是見識到急著結婚的女性精力有多

④一個混跡2ch的宅男，在網友出謀畫策下追求心儀女性的故事，不僅出版成書，還拍成日劇及電影。

旺盛了。

我花了十個月（這時我已把標題改成「我有四億圓」）做實驗，終於受夠了，結束這項實驗時，沒多久就收到我現在的老婆寄給我的信。當時她在二線城市的國立大學念研究所，要來東京找工作，因為在東京沒有認識的人，覺得很有趣，想說可以順便累積人生經驗，就寫信給我了。

見面一看，發現她是我過去見過超過一百位女性中，與我最合得來的一位。或許是因為我已經放棄跟女生見面，所以心情很輕鬆；也說不定即使我一開始就見到她，還是會和她交往。

老婆有很多我沒有的優點，功課很好，還學過武術，雖然瘦瘦的，但是有肌肉，外表也是我喜歡的類型。

一起去挑婚戒的時候，我說預算無上限，想買什麼就買什麼，但老婆選的戒指只要十萬圓左右。婚後我也幾乎沒買過比婚戒還貴重的

東西給她。

我因活力門事件慘賠五億圓的時候，老婆也只是一笑置之。我不是個愛花錢的人，或許我們就是在這方面特別合得來。

7.

給接下來要投資股票的人

危機與轉機只有毫釐之差，
活力門事件曾經讓我幾乎是一瞬間
就損失了五億圓。

危機與轉機只有毫釐之差

新的財富獲得方式正在增加。

二〇一八年十一月，比特幣（Bitcoin）、以太幣（Ether）、瑞波幣（Ripple）等三大虛擬貨幣的市值合計約十七兆圓，雖然兩年前只有兩兆圓左右。

兩年內從兩兆圓成長為十七兆圓。

多出來的十五兆圓從哪裡來？

難道是有人憑空變出來嗎？

我舉一個比虛擬貨幣單純許多的例子，或許有點離題，但請各位思考一下。

假設有個人白手起家，開了一家公司，該公司市值將於十年後相當於現在的蘋果電腦，也就是一百兆圓左右。

那一百兆圓的價值從何而來？

難道也是從天下掉下來的禮物？

或許有人會對這種思考方式產生疑問，但這個想法的出發點基本上沒有錯。

因為其他貨幣或有價證券、房地產的市值，並不會因為多了一家一百兆圓的公司就減少一百兆圓。

從這個角度來說，經濟並非零和遊戲。換句話說，並不是正負相加（＝和）為零。地球上的財富總額會不斷增加。

因為是現在，散戶才能一夜致富

那麼，財富不斷增加會有什麼結果呢？

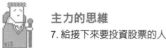

我認為所謂的財富，是將人類拔河的狀態數值化。

千萬別以為只要不發生劇烈的通貨膨脹，導致貨幣貶值，自己擁有的資產就不會縮水。

只要虛擬貨幣等新的價值問世，自己擁有的資產就會自動縮水。

新價值問世時，即使其他貨幣或有價證券或房地產的帳面數字沒有顯而易見的變化，價值也會比以前少，等於實質上的稀釋。這麼一來，假設有人憑空變出來新的一百兆圓，帳面上的數字即使正確，也無法呈現出真實的狀態。

經濟成長會讓世人過得更好，但成長的速度沒有那麼快，說是只提升了消耗地球資源的速度也不為過。

經濟是相對的概念，而投資及交易正是相對中的相對概念。說穿了，我認為還是零和遊戲。

舉例來說，當整體股價下挫幾個百分點時，就算自己擁有的資產

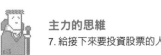

沒有變化，還是相對賺到了。

正因為如此，才說交易是互相搶奪金錢的遊戲。

財富總額不斷增加的同時，金錢的價值也不斷下跌。

在這個號稱有錢等於萬能的世界上，金錢的威力其實正在減弱。

聽到我這麼說，也有人會反駁：「哪有，正好相反吧？」

請各位思考一下。

在現代社會裡，像我這種個人投資者要賺到幾百億圓，不再是不可能任務。

事實上，每個人光靠自己的力量就能賺到錢。

以前又如何呢？

明治、大正時代的個人，根本不可能與財閥對抗，巨額的金錢等於絕對的權力，小蝦米如果想對抗大鯨魚，除非成為新興宗教的教主之類的，總之背後一定需要政治的助力。

我在〈4.職業是專職操盤手〉這章說過「我沒打算蓋一座製鐵廠」，如果在明治或大正時代，就算是財閥，倘若沒有國家級預算，也蓋不了製鐵廠。如果國家再窮一點，就算傾全國之力也無法成立製鐵廠。換句話說，這種國家就算想富國強兵也無能為力。

簡單來說，國家的富強程度，取決於國家擁有的財富總額，國家多有錢，就代表國家多有力量。

近來稱以虛擬貨幣賺進億萬身家的人為「億圓戶」。

接下來這句話聽起來可能是有些輕浮的發言，但連我這種人都能賺大錢，這就是現代社會的變化。

這也象徵金錢的流動性變高，個人只要花上幾年時間，就能賺到以前相當於絕對權力的巨款。

另一方面，金錢的價值降低、沒有巨款就難以達成的事愈來愈少，也是不爭事實。正因為是這樣的時代，個人投資者才得以生存。

危機其實是轉機

二〇一五年八月，中國讓人民幣兌美元匯率貶值，後來全球股市有段時間陷入混亂，媒體稱為「中國震撼」（The China Shock）。沒有投資股票的人，大概不明白我在說什麼，但我想跟大家聊聊當時我的事蹟。

當時我的確孤注一擲，還在網路論壇寫下「投入所有資產，搞不好會一無所有的我，是不是太衝動了？」的留言，但其實有點誇大其詞，事實上風險沒有那麼大。

人民幣貶值後，中國股價應聲暴跌，日經平均指數也跌了三～四百點，半天後即將開盤的美國股市同樣風聲鶴唳。

這時一般都會出現規避損失的避險賣盤，亦即美國股市一旦大幅走低，就先賣掉標普五百期貨、道瓊期貨或納斯達克綜合指數期貨，以達到規避損失目的。尤其在成交量特別低的時段，基於恐懼心理，具有超賣傾向。因此這時我也做好準備，假設規避損失的賣盤將在美國股市開盤前一刻來到最大。過去幾乎都是這樣，所以我賭日本這次大概會有一半機率發生同樣狀況。

因為我不久前才賣掉日經二二五指數期貨，所以得先買回來才行。

大公司不想承受可能害公司倒閉的巨大損失，具有一看苗頭不對，就先縮小損失範圍的習慣，因此這時會機械化的開始賣掉日經二二五指數期貨，這正是我買回的時機。

同樣基於害怕暴跌的心理，日經二二五指數期貨選擇權也出現驚人的價格，平常頂多一圓的東西，這時居然飆漲到一百零五圓，單從計算來說，簡直是天文數字，就算這個價格只出現三分鐘左右，依舊引起瘋狂大甩賣，一路賣到只剩下六十圓。

這時我賣出相當於為暴跌買保險的賣權。

萬一真的暴跌會損失慘重。就像保險有滿期日一樣，賣權的到期日為三天後或四天後，萬一原本一萬六千點的日經平均指數到時跌破一萬點，將會面臨傾家蕩產的損失，所以我才寫下「搞不好會一無所有」的留言。

話雖如此，實際上並沒有那麼大的風險。

說穿了，其實是因為有所謂跌停板的制度，股價不可能一口氣跌到底。而且在日經平均指數的結構上，除非不斷出現企業價值歸零的公司，否則股價不可能一口氣跌得那麼慘。

單從理論上來說，萬一個股全面跌停，日經平均指數會跌到一萬左右，所以並不是完全沒有賠到傾家蕩產的可能性，可是除非一半以上公司同時破產，否則不大可能全部跌停。除非好幾顆大型炸彈同時在日本引爆，否則不大可能有一半的公司瞬間同時破產。要是發生規模這麼大的災難，就算有再多錢，日圓的價值也會暴跌，所以這時候損失再大都無所謂了。

心生恐懼時，人容易變得短視，做出愚蠢的事。

正因為能冷靜看盤，我才會賺這麼多錢。

當時我正和平常一起吃喝玩樂的投資朋友喝酒，看到股價波動，覺得「有賺頭」，於是我坐立難安，一刻也等不了，草草知會朋友一聲就回家，操作完一大波，才又回去喝酒。

其他朋友則利用手機操作，很多人因此賺了好幾百萬圓。我則是趁中國震撼一共賺了將近二十三億圓（包含未實現損益一度來到四十億圓），還被財經媒體「彭博新聞社」（Bloomberg News）寫成網路新聞，標題是〈神祕的三十六歲當沖客預測神準！淨賺四十億圓〉，還上了日本雅虎新聞頭條。

一天賠掉六億圓

危機與轉機只有毫釐之差。

與其說是毫釐之差，不如說是互為表裡還比較貼切。

景氣變差、人心惶惶……像這種動盪不安的時候，反而是大賺一筆的好機會，但同時也可能賠到傾家蕩產。

前面分享的都是賺錢經驗，但投資一定有風險。

我也想和各位聊聊我賠得很慘的經驗。

事情發生在二〇〇八年。

不動產投資信託基金（REIT）一路下跌，市場上出現年利率約百分之十五的商品。現在回想起來，當時真的已經跌到谷底了。

有很多不動產本身雖然有些破舊，但是加上公司的價值還是比售價高的商品，看起來確實很便宜。

於是我買了將近十八億圓的不動產投資信託基金。

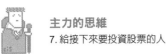

當時我的總資產不到五十億圓，雖然不到一半，卻也投入相當多的金額。對於以當沖為主要操作手法的我而言，是很罕見從中長期角度出發的投資。

根據我的計算，每年應該能領到一億幾千萬圓的紅利，也算準了價格會上漲，自以為是筆聰明交易。

請容我帶大家簡單的回顧一下當時的狀況。

泡沫經濟崩潰後的一九九〇年代，苦於打消呆帳的企業及金融機構接二連三處分自家資產，結果掀起不動產證券化的風潮，於二〇〇一年成立了 J-REIT（不動產投資信託），不動產於二〇〇六年開始泡沫化。

然而到了二〇〇七年，價格開始下跌，同時發生次貸問題，各國一口氣抽回流入日本的資金。

二〇〇八年九月的雷曼風暴是壓垮駱駝最後一根稻草，金融機構緊縮銀根，各大不動產投資信託公司全都陷入周轉不靈困境。

危機即轉機！

從底部撿便宜，等到大幅上漲再賣掉是最簡單的投資方法，問題是這世界可沒這麼簡單。

從底部撿便宜是很簡單，可公司一旦破產，別說是底部，根本是血本無歸。

我就買在那個時期，雷曼風暴隔月的二〇〇八年十月，不動產投資信託公司「新城住宅投資」（New City Residence）宣布破產，成為全球第一家破產的不動產投資信託公司。

自此，盤賣大舉出籠，當時我雖然覺得苗頭不對，卻沒有想到要跑快一點。

聽到新城住宅投資破產的新聞時，一想到第二天會有多大的損失，就害我拉肚子，晚餐也吃不下。平常就算賠再多錢，也不至於吃不下晚飯，可見當時肉體受到的打擊可謂史上最深刻。

第二天，我持有的不動產投資信託基金有一大半都跌停了，加上其他房地產相關個股，最終損失六億圓左右。

五十億中的六億圓，看起來似乎也不算一敗塗地，但一次損失好幾億的打擊還是很沉重。

這是令我永生難忘的失敗經驗。

明明更早之前在活力門事件中慘賠五億圓都不當一回事，因不動產投資信託基金賠錢時卻讓肉體受到超乎想像的打擊。

如前所述，不動產投資信託基金並不是我平常習慣的交易，在無法發揮自己長處的領域賠錢、沒有想清楚就出手的後悔也造成精神上的壓力，演變成對肉體的傷害。

活力門事件讓我損失五億

活力門事件發生在二〇〇六年一月。

當時日經平均指數持續上漲，大家都以為泡沫經濟又要再來一波了。新興股不斷創下上市以來的最高價位，可說是每個人都買了許多看起來很有搞頭的股票以增加資產的時期。

我也不例外。堀江貴文被捕時，我還持有二十七萬股的活力門股票（活力門曾經以一股分成一百股的比例分割股票，所以二十七萬股其實沒有很多），但是看到活力門遭警方強制搜查的新聞還是嚇了一大跳，心想終於出事了。

活力門一開盤就跌停鎖死，完全沒有打開過。我還有其他關係企業的股票，所以損失慘重，但這也無可奈何。

不要去想損失，只要思考接下來該怎麼翻身就好。

堀江被捕並不代表活力門這家公司會憑空消失，資產還是很雄厚，身為入口網站的功能也還健在，我認為「這是絕佳買點」，反而大量買進。

遭到警方強制搜查的新聞曝光前，活力門的股價為六九六圓，後來連續跌停六個營業日，第七個營業日終於打開跌停，股價為一五五圓。

當時我的資產大約有二十八億圓，投入其中的十九億圓，買進跌到剩一百多圓的活力門股票。

我預測應該能站回三百圓，殊不知完全爬不起來。**而且還在繼續**

下探，心想這樣不行，所以當天就停損了。

雖然也有搶反彈的買單進場，但顯然還是擔心會被強制下市而認賠殺出的人多得多。

我也做好大概要賠五億圓的心理準備開始停損，賣出最後一張股票時，剛好賠掉五億圓。雖然我也覺得這跤跌得不輕，但是損失這麼慘烈，反而神清氣爽。當我告訴老婆：「我今天賠了五億圓。」老婆也只是笑笑的說：「哎呀呀。」

當天晚上早就約好要跟朋友打麻將，所以我在網路論壇留下「呦！老子是損五億」的留言就去打麻將了，還打得挺開心的。

「呦！老子是損五億」，是模仿漫畫《七龍珠》的經典台詞「呦！老子是孫悟空」①。**因為想到這句台詞，令我覺得似乎可以讓損失掉五億圓的心情稍微輕鬆一點。**

快的人永遠快，慢的人永遠慢

投資分成攻擊型與防守型。

能賺到億萬身家的人多半是攻擊型，總之是一看到獵物就會撲上去抓住。

我當然也會發動猛烈攻擊，但是硬要說的話還是屬於防守型，總是一面停損，一面伺機而動。

以格鬥遊戲來說，就是邊防守邊一點一滴的被對手蠶食鯨吞，但最後總能以大絕招扳倒對手的類型。

例如 J-Com 股票錯帳事件時，我陸續在電腦開了好幾個視窗，各買五百股，自己試過沒問題以後，才在聊天室寫下「這是下錯單，可

---

①原文是「おっす！おら〔孫〕悟空」，孫悟空的日文發音是son go kuu，損五億的日文發音是「son go oku」，所以作者在此玩了諧音梗。

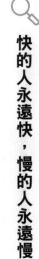

以買」的留言。

那時也有人學我買，但是看到排山倒海的賣盤，嚇到不敢買的人也在所多有。

當然也有人比我早買。因為我先花二十秒檢查 J-Com 的已發行股數，從看到消息到開始買，中間花了三十五秒左右。卻也有人不管三七二十一先上車再說。

有趣的是，當時採取的行動一直影響到後來。

當時沒買的人，幾乎都無法在投資的世界活下去。

即使能僥倖存活，也會繼續以防守的態度投資。

反之，比我買得更早的人，也都比我先買進比特幣。

人的操作手法沒那麼容易改變。

快的人永遠快，慢的人永遠慢。

動作快的人比較適合投資。

我所謂的快，並不是指腦筋轉得快，而是行動快人一步。

有個比我更早買進 J-Com 股票，也比我更早買進比特幣的人使用各式各樣的看盤工具，因為自己不會寫程式，甚至雇用程式設計師替他寫，還在美國及香港開設海外戶頭，在當地成立法人，去當地操作。法人本身沒賺到多少錢，但依舊令我佩服得五體投地：「這傢伙也太投入了吧。」

總之，他的行動比誰都快，也比誰都有幹勁。

這個人叫三空。我們曾經一起受邀參加《笑笑也可以！》這個節目，我戴著面具，他露出真面目解說。他現在回故鄉當議員，因為長相端正、又喜歡說話，看準演藝圈好像還沒有熟悉行情的人，在交易賺不到錢的時候，就開始思考能不能當藝人。

他後來也說：「政治活動愈來愈有趣了。」

不知為何，有很多從個人投資者變成政治家的例子。

三空另當別論，但有些我覺得這傢伙只會賺錢但沒什麼品德的人，也從政了。

也會長期投資不景氣時虧損的公司

如果接下來要以五十～一百萬圓的預算開始投資股票，我認為可以先從ＩＰＯ的當沖開始做起。

不妨採取購買波動率比較高的ＩＰＯ個股，苗頭不對的話立刻停損，在上漲的過程中抱住的當沖模式。

例如東京地下鐵這種類似國營企業的ＩＰＯ是以抽籤配股，但是中籤率頗高，所以先申購再說。在一般情況下，ＩＰＯ通常一掛牌就會大漲，再拿從這種股賺到的錢做為投資資金。

只是，以當沖來說，一見股價波動的苗頭不對，就必須立刻停損。上班族還要工作，很難三番兩次躲進廁所用手機操作。但是機會到處都有，可以讓資金快速成長的機會就像寶物一樣，沉睡在各個角落。

假如預算超過兩千萬圓，除了ＩＰＯ當沖以外，也可以加入其他的投資標的。

隨著預算增加，資產增加的速度會變慢。

若想有效率的讓資產一年增加十倍，除非承受相當大的風險，否則難以辦到。但只要目標別訂得那麼高，要達成目標其實沒那麼難。

「我不大想做功課，但又想賺錢」的人，可以對不景氣時虧損的公司進行長期投資。

不能是勉強損益兩平的公司，而是要找由盈轉虧的公司。景氣一旦好轉，那種公司就會出現盈餘，股價很可能扶搖直上。不過，萬一倒閉則血本無歸，所以要選擇不會倒閉的公司。

科技泡沫破掉後或發生雷曼風暴時，證券公司的分析師都說：「業績也不好，現在要賣掉。」這時如果買進而非賣出，就能賺錢。

發生次貸問題的二〇〇七年，市場上盛傳日本銀行是不是有一兆圓的次貸？會不會因為要認列呆帳損失認列到破產？但事後再回頭看，根本是絕佳買點。

重點在於不能錯過這一類的機會。

反之，景氣大好時，最好不要買。

景氣會循環，所以當股價整個上來，週刊雜誌紛紛製作投資特輯，分析師也勸進時，很可能已經沒有上漲空間了。

好像快要被強制下市的公司也是好標的。

舉個比較近的例子，像是JAL、東芝、東京電力等，這些公司眼看快要被投資人放棄，認為他們已經不行了。金融危機時的銀行也是相同的道理。

正因為如此，度過危機時可能會產生十倍或二十倍的獲利。

市場傾向於規避風險，一旦察覺到危險，就很容易超賣。

但我基本上不會買被政治因素左右的個股，因為我猜不到政客們在想什麼。

以JAL為例，不知道會不會有國家或日本企業再生支援機構等組織介入，所以我不會買。

我認為東芝或許可以逆勢買進，但當時整個市場景氣是好的，像這種時候我不想逆勢操作。倘若全球處於不景氣狀況，再加上市場盛傳「半導體公司很危險」的話，我想我就會買了。萬一變成那種狀況，東芝的股價應該會跌到四十圓或五十圓，一旦逃過倒閉命運，就能漲個幾倍、幾十倍，要是那樣就太好了。

一旦公司虧損，無力配股配息，被踢出東證一部指數，基金或東證股價指數連動型投資信託等法人就會狂賣股票，導致股價下跌。等到日後重回東證一部指數或被納入日經二二五，又會被買回去。

背負著變成壁紙的風險，購買險些下市的公司股票是一場豪賭。

為了在虛擬貨幣交易中勝出

接下來要從事投資的人，大概也會把比特幣等虛擬貨幣列入考慮。虛擬貨幣的買賣方法其實跟買賣股票、外匯、期貨大同小異。說穿了，凡是標上價格的東西，買賣心法都一樣。

亦即在上漲的時候買入、下跌的時候賣出。

不要在下跌的時候買進。

我最早對比特幣產生興趣，是在 Mt. Gox 交易所出事後。

二〇一四年，發生大量比特幣存款從虛擬貨幣交易所 Mt. Gox 消失的事件。

最初的官方說法是伺服器受到攻擊，後來又傳出執行長涉嫌盜用公款遭逮捕，判決結果直到二〇一八年都還沒出來。

這件事發生後，比特幣價格從一千美元一口氣下挫到一百五十美元，明明是交易所出問題，比特幣本身並沒有變化，但市場就是狂賣。

明明價值本身並沒有變化，光是氣氛就能大幅左右市場行情——能斬釘截鐵這麼說的時候，反而是好機會。

只可惜我當時找不到能用日幣簡單開戶的交易所，未能立刻下定決心進場。

後來價格又從二〇一七年春天開始上漲。

當比特幣從十萬圓左右一路漲破二十萬圓，我認為接下來的上漲速度會愈來愈快，差不多可以買進了。

可是經我調查，就連當時日本國內最大規模的 bitFlyer 交易所，流動性也不高，相對於利潤的稅率又太高，一次要買幾千萬有實務上的困難，所以我這次又沒有進場。

自我開始玩股票以來，二〇一七年是最泡沫的一年，我認為受到比特幣很大的影響。

二〇一七年十月漲到七十萬圓，也能融資交易，心想這是增加獲利的良機，這次終於進場。在什麼都想嘗試的投資人中，我在虛擬貨幣這方面應該算是起步得非常晚。

最初先買一百個比特幣，每次上漲再買五十個，然後就這麼抱著，直到總額來到一億五千萬圓左右。

當我要賣的時候，bitFlyer 的融資交易變得很貴，相當於比特幣值的百分之二十六。明明是同樣的東西，價差未免也太大，於是我用融資交易賣掉，再買進現貨。

因為即使是相同的東西，一旦出現價差，大部分投資人皆無法冷靜的看待市場。換句話說，若能冷靜看待，就能創造出「優勢」。

以前就算是日經平均指數，期貨與現貨也有百分之五的乖離率。一旦洞察到這個現象，低買高賣，就能機械式的賺錢。

目前有種「套利」的作法是，運用演算法賣掉比較貴的金融商品、買進比較便宜的金融商品。但自從期貨與現貨變成考慮到配股配息率的理論值以後，波動幾乎沒有差別，所以基本上不再有套利空間。

我看過還可以套利時的報導，上頭寫著「造成日經平均指數暴跌的原因，只是杯弓蛇影的恐慌心理」。

由此可知當時只是隱約感覺到發生了什麼，足見當時的人都沒考慮到價差。

一旦比特幣的買賣費用或市值漲到現在的十倍、五十倍、一百倍，上述演算法逐漸為多數人所使用，於是形成有效率的市場。但是在那之前，大概誰也不會留意到。

另外，虛擬貨幣還有一個特徵，那就是伺服器太脆弱，很容易當機。

不管是 bitFlyer 還是 Coincheck 或 Zaif，交易所的伺服器一旦過於忙碌，就無法下單。這麼一來，價位的變動往往過於劇烈。從平穩交易的環境來看，其實還有待進步，但也正因為如此，才有可乘之機。

一旦新聞開始報導虛擬貨幣，一切就太遲了。

可以從新聞的深度預測股價的波動，但虛擬貨幣無法預測。

因為買的人都認為虛擬貨幣是新商品，不認為虛擬貨幣屬於任何

一個市場。

結果很容易走極端，一旦認為會漲，買盤就會蜂擁而至，萬一覺得會跌，則不再會有買盤進場。

那麼要怎麼鑽伺服器的漏洞呢？

比特幣的幣值曾經一度超過兩百萬圓，到二〇一八年卻開始不斷下跌，於是我預測跌破一百五十萬圓的時候，可能會發生很多自動停損（由系統以自動執行方式，強制賣出）的狀況，利用財務槓桿投資的人可能都被會自動停損。

bitFlyer 的伺服器很脆弱，暴跌時將無法下單。

我想買下因此被自動停損的所有比特幣，事先下好從一百二十萬圓分批一次買進一百比特幣的單。

要是能順利成交就好了，就算無法成交也可以取消。大約十天後，bitFlyer 真的無法下單了，我的買單陸續承接到自動停損單。一旦下單系統恢復正常，就撿不到這些單，但因為下單系統動彈不得，事先下好的買單都陸續成交了。

這時我並不擔心幣值漲不回去，因為海外的比特幣值始終在一百四十五萬圓上下盤整，而我的買單設定為一百二十萬圓左右，所以我確定至少會回到與海外交易所差不多的價位。過去比特幣在日本一直處於溢價狀態，因此我打算漲到比海外交易所的牌價再多百分之五就陸續賣出。就算有什麼狀況，只要花點手續費，移轉到海外再賣即可。

結果我在漲回一半的階段賣掉，賺了一億五千萬圓左右。

世界上到處充滿這種漏洞。

投資人能戰勝人工智慧嗎？

市面上出現了利用人工智慧自動交易股票的工具，人工智慧這幾年的發展真的很驚人。尤其我也會下圍棋，AlphaGo[2]的戰績真是令我佩服得五體投地。

不只是將棋或圍棋這種全訊息對局（game with perfect information），在撲克或二十一點等不完全訊息對局（game with imperfect information）的世界，人工智慧也已經變得很厲害。頂尖玩家參照人工智慧呈現出來的結果，以驗證自己玩法的場面也屢見不鮮。或許在不久的將來，就連麻將也將由人工智慧大殺四方。

隨著演算法及人工智慧問世，與投資人為敵，股市這個賽局的難度連年高升。舉例來說，以前跌停板的時候，可以立刻下單撿便宜、搶反彈，但現在已經搶不過機器了。

不過也不是所有交易都會輸給演算法交易。

我認為目前的演算法交易幾乎還是由人類設定，在事先設定好什麼條件想買、什麼條件想賣的情況下，拚速度（例如套利那種分秒必爭的交易）絕對贏不了演算法交易，但是可以運用的範圍其實還不大。

然而當人工智慧透過自動學習學會交易，「第二隻泥鰍」大概就會成為人工智慧的囊中物，甚至連第一隻泥鰍也會被人工智慧找到也說不定。恐怕在不久的將來，會有很大一部分的錢都被人工智慧賺走，屆時市場上將充斥人工智慧彼此爾虞我詐的股票買賣，也說不定。

雖然我認為人工智慧會愈來愈強大，但還是有很多人類可以做的事。

好比說，人工智慧不會以身犯險。

人工智慧能從事風險高達幾千億圓、乃至幾兆圓的交易嗎？就算人工智慧不知恐懼為何物，運用人工智慧的人也會害怕。我敢把一百六十億圓現金中的一百五十億圓拿來交易，但股東未必會同意把那麼

②一款二〇一四年由英國倫敦Google DeepMind開發的人工智慧圍棋軟體。

多錢交給人工智慧操作，要投入幾千億規模的金額以大博大可不是件容易的事，畢竟得考慮到暴跌情況，不得不讓人工智慧採取風險最低的操作手法。就如同汽車的自動駕駛遲遲沒有進展一樣，人類怕被機器害死，所以不敢讓人工智慧獨自操作那麼大筆的金額。

既然如此，人類的優勢就在於敢承擔人工智慧無法承擔的風險，實際上，風險愈大，我愈能賺到錢。

只要拚命努力，就能贏過絕大多數的人

迷上玩股票的人，多半是一開始日進斗金的人。可能只是瞎貓碰上死耗子，也可能是向高明的前輩學習，總之是什麼都好。

打麻將也一樣，聽說沉迷的都是一開始玩就贏錢的人。就算後來輸到沒辦法翻身，只要初次贏錢的感覺很爽，通常都無法凌駕那次體驗。

世上存在著努力與回報的螺旋。

只要用功就能成功。

成功的感覺很爽，所以會繼續用功。

然後愈來愈進步，愈來愈成功。

不只勝負如此，我認為這是放諸四海皆準的法則。

對我來說，其實不需要上述的螺旋。因為我是那種即使第一次玩的時候輸了，只要遊戲夠好玩，就會繼續玩下去的人。

這點到現在也沒變，即使一時半刻做不出成果，我也不會覺得埋頭苦幹的學習是一件苦差事，可以無止無盡的努力下去。我相信只要在自己感興趣的領域努力不懈，若干年後一定能贏過絕大多數的人。

可是每個人都有所謂的適合不適合，像我這種宅在家的人，真要說的話還是怪胎，屬於少數派。

世界上大概有八成以上的人會對賠錢感受到莫大壓力，我認為那種人比較適合去當上班族。

只要好好工作，至少每個月一定會有固定收入，精神上的負擔也比較小。

但我只想將時薪或資產效率極大化。

穩定這條路上不存在效率極大化。

所以我才會成為專職操盤手。

附錄

賭場贏家，也是股市贏家

行情只會上下波動，所以不是進場就是退場。
這方面與打麻將或玩撲克牌有異曲同工之妙。

股市、麻將、撲克都一樣，不是進場就是退場

接下來，請容我與各位分享一下我對賭博的想法。

絕大部分的賭博我都玩過，也贏了不少錢。

股票與撲克牌，其實是很相似的遊戲。

行情只會上下波動。

所以不是進場（下注）就是退場（蓋牌）。

這麼說來，或許會有人產生「保留已經持有的股票不就等於維持現狀，既不進場也不退場嗎？」的疑問，倒也不是這麼說。抱著股票以備隨時都可以賣出的選擇，其實也等於進場。

考慮到可能變成壁紙的風險，不停損的人等於永遠都在進場。

撲克牌也是每局都被逼著下注或蓋牌，所以和玩股票非常類似。

下注或蓋牌，意味著風險與報酬。

每次都有風險，但也能期待得到報酬。

判斷哪邊的可能性比較大，決定要進場或退場。

不只股票和撲克牌，我心目中好玩的遊戲都有這方面的要素。

像是將棋因為沒有不確定因素，在我心中被歸類成另一種遊戲。那種遊戲有那種遊戲的樂趣，但我這種玩家還是比較喜歡存在運氣要素的不完全訊息對局。

那麼，從遊戲角度來看，股票和撲克牌有什麼差別？

最大差別，在於玩家人數。

股市裡看不到玩家人數，也看不到資金量，只能看到買賣的成交量。人數既沒有上限也沒有下限，只知道是不特定多數，卻不知道背後的資金有多少。

相較之下，玩撲克一眼就知道牌桌上的人數，可以邊玩邊觀察每個對手這次是下注還是蓋牌，也可以從放在桌上的籌碼計算出資金量。因為可以追加籌碼，並不是滴水不漏的「封閉式賽局」，但也相去不遠。

提到撲克牌，多半給人彼此猜測手中的牌是什麼的印象，明明一手爛牌卻假裝拿了一手好牌，而當然對方也同樣虛張聲勢，充滿了爾虞我詐。

然而，這種印象已經過時了。

現在的撲克牌更像是「機率遊戲」，互相猜測的心理戰已經流於表面形式，真正重要的是數字的排列組合，也就是所謂的「機率」。

因為是用牌來玩的遊戲，基本上是數字的排列組合，重視數字也是理所當然。以最常玩的德州撲克來說，除了自己手中的兩張底牌，隨著每多發一張牌在桌上，自己可以湊成的牌型都不一樣，同樣的，對方可以湊成的牌型也會跟著變動。

隨著牌桌上的牌面張數增加，每個玩家可以選擇下注、加注、跟注、蓋牌。換句話說，每輪都要被逼著做出進場或退場的判斷。

進場為下注或加注、跟注，退場為蓋牌。

基本上都得靠自己的本事，在數學上追求湊成牌型的機率。只不過，就算湊成好的牌型，也不見得就能大獲全勝，要大獲全勝除非其他玩家都下了大注，因此不能簡單的計算出期待值。

現在有連這部分的細節都算得一清二楚的統計資料。

撲克牌在數學上的研究在歐美十分發達。

玩的時候以希望自己手中的牌有多強為出發點，預測對方蓋住的牌有多強，再配合牌桌上的籌碼，連變動的期待值也要考慮進去。

所以太過於虛張聲勢的人，反而贏不了。

這也是統計的結果。

不過，完全不虛張聲勢的人也會輸，因此也有玩家會機械化的決定好「虛張聲勢的比例」。

這才是現代人玩的撲克，早已成了十足十以數據決定進場或退場的遊戲。

老電影經常有自己拿到一手好牌時，為了避免被對手猜到自己有一手好牌，起初並不加注，而假裝若無其事，從跟注開始的橋段。這是對戰遊戲很自然的戰術，至今仍有人採取這種戰術。

但這種人為的判斷已經不能代表一切。

倘若對手幾乎都是靠數據上的判斷來決定進場或退場，這方面的演技就一點意義也沒有。

這點也跟股市大同小異。

麻將與股票都很有趣

那麼，大家對打麻將有什麼印象呢？

想必因人而異，因為麻將原本就是比撲克牌複雜許多的遊戲。

也有人認為打麻將是一種全憑運氣的遊戲，但最近這樣想的人已經少了很多。以前也有很多人聲稱操縱運氣才是打麻將的技術，但最近愈來愈多人知道打麻將是不完全訊息對局，很容易被眼前的風吹草動影響。

我從以前就只對數學上有根據的意見感興趣，雖沒打算否定把運氣掛嘴上的人，但自己對運氣真的毫不在意。

西方人從以前就不認為撲克有運氣成分，只從數學角度出發，或許這也影響了世人的概念，最近想用運氣來打麻將的人開始輸多贏少。

麻將也跟撲克牌或股票是同一類型的遊戲。

一定會面臨必須比較風險與報酬，決定下注或蓋牌的局面，這方面的判斷是決定勝負的關鍵。

善於比較風險與報酬的人，往往很會打麻將。

這種人在關鍵時刻會憑生物本能選擇正確的方向，經驗固然也很重要，但是對下注或蓋牌的判斷夠不夠精準，才是所謂的實力。

最近就連打麻將也有許許多多的數據，所以記住基本的數值，在實戰中加以印證也是很有效的策略。

麻將的牌型比撲克牌複雜，如何排列組合出更好的牌型也是打麻將的要素。這是肉眼可見的部分，所以也有很多人認為打麻將是排列組合的遊戲。

話雖如此，對於下注或蓋牌的判斷，將大大左右輸贏結果，排列組合的技巧優劣影響輸贏結果的程度，其實沒有我們以為的那麼高。

打麻將其實是披著排列組合的皮，行下注或蓋牌之實的遊戲。

麻將由中國人發明，全世界都在玩。

不只中國和日本，也流行於歐美各國。「放槍」是指丟出來的牌讓別人胡牌了，只不過，放槍的人要付全額，好像是日本麻將才有的規則，聽說其他國家並未規定由放槍的人付全額①。據說這是麻將剛傳入日本時，有人想出由放槍的人付全額的規則，轉眼間就流傳到日本各地。

正因為有這個規則，比較風險與報酬來決定下注或蓋牌，變得至關重要，其他國家的麻將因為沒有這個規則，比較側重於排列組合的遊戲。

聽到這段歷史時，我心想日本人真是天才。

正因為有這個規則，麻將才變成跟股票或撲克牌有異曲同工之妙。我之所以一直樂此不疲打麻將，也是受到這種性質吸引。

我之所以沉浸在股市，也只是因為覺得這個遊戲很好玩。雖然這也讓我賺了很多錢，但我其實是因為好玩才樂此不疲。

順帶一提，我從網路上首次出現最高賠率的撲克網站開始玩到現在，連戰連敗，總計賠掉四千萬圓。最近不能再用美金下場玩，沒辦

---

①其實台灣的麻將規矩，也是放槍的人付全額。

法上賠率最高的牌桌，所以少賠了一點，但我對這種連戰連敗的狀況並不以為苦。

我學習撲克的方法，是先徹底研究一遍所謂的理論，再與頂尖玩家對戰，利用撲克牌的人工智慧軟體解讀他們的戰術，進行驗證，用以提升自己的策略，自認這麼做能有效率提升自己的功力。

有幾款不用花錢的遊戲將競技人口分等級做成排行榜，我都能擠進百分之一以內的金字塔頂端，不禁讓我也覺得自己真是個阿宅。

就像〈5.靠玩遊戲，訓練投資需要的技術〉這章提到的《世紀帝國》這款遊戲，我是全球排行榜前幾百名。八百萬人中的幾百名。這種遊戲要全部列舉出來會沒完沒了。高中時代玩《網路創世紀》還曾經玩到第一名。因為是一百七十萬人中的第一名，非常不簡單。

即使是賺不到錢的遊戲，也會讓我上癮。

投入股市，可說是遊戲的延長線。

在麻將桌一年花掉一億圓

我每年會在麻將桌上花掉一億圓。這筆錢包含付給麻將館的場地費，以及打完麻將的聚餐費用。

我每週去麻將館好幾次，每次打個兩三圈。對手多半是操盤手，再不然就是職業撲克好手或職業麻將高手。

場地費和打完麻將的聚餐費用全由我買單。一行十個人浩浩蕩蕩前往每週去一次的餐廳，開香檳來喝，結帳金額起初為七萬圓左右。

可是在大部分的餐廳，一旦成為常客，花的錢會愈來愈多。即使是同一家店，最近十個人去吃喝的帳單居然高達五十萬圓。因為開的香檳牌子變得高級了，想必是為我準備了昂貴的香檳。葡萄酒也一樣，我什麼也沒說，店家就拿出昂貴的葡萄酒來。另一方面，我每次去都有位置，店家隨時都為我保留可以容納十人以上的座位。

一次五十萬，每年花個兩百次就是一億圓。我花在麻將上的錢，就是這樣消失的。

我從年輕時就開始打麻將，當然光只是打麻將可能會膩，但是打麻將也意味著與其他個人投資者的交流，所以才能一直持續下去。

被譽為日本最強麻將高手的青柳君（假名）最近也加入我們。青柳君並不是職業麻將高手，只是個會打麻將的小混混，但實力驚人，在知名職業麻將高手間赫赫有名。這種人一旦加入，肯定能從他身上學習到新知識。

打遍天下無敵手的獨家二十一點算牌法

我以前每年會去韓國的華克山莊賭場三、四次，目的是玩二十一點，可是才去了一年半就被列為拒絕往來戶。

賭場工作人員對我說：「我其實也很想讓你進來玩，可是既然電腦做出這樣的判斷，我也無能為力。」還讓我看了類似黑名單的檔案，上面確實有我的照片，還有我歷來的所有分數記錄，連總分都有。賭場好像是根據上面的數值，機械化的決定不讓誰進去。

其實我總會帶朋友去，雖說我在賭場贏了錢，但也花錢在飯店裡吃飯喝酒，足以證明我不是職業賭徒，應該不算是賭場討厭的客人，所以被列為拒絕往來戶其實有點莫名其妙，但終究還是在電腦的判斷下，被當成黑名單。

當時我的投注金額最少四十萬韓圜（當時約三萬圓），最多三百萬韓圜（約二十二萬圓），當時每去一趟，我都會賺到一百萬圓左右。如果只加總飯店住宿和賭場的費用或許還有賺，但再加上餐飲費就虧了。

二十一點，有一種稱為「算牌」的攻略法。

雖然是正正經經，奠基於機率的攻略法，不是什麼邪魔歪道，但還是有很多賭場禁止算牌，一旦穿梆，下場很可能就是被列入黑名單。

所謂算牌，指的是計算重要的牌，已經出了幾張。

普通的作法是計算人頭和A。撲克牌的數字從1～13，A和人頭和10加起來一共有五張，也就是說，出現人頭或A的機率為十三分之五。

人頭和A沒出現過幾次，剩下的牌就多半是人頭和A。這時對玩家很有利，所以會增加籌碼。反之，如果前面已經出現過很多次人頭和A，剩下的牌就沒剩幾張人頭和A。這時對玩家不利，所以不會跟，就算跟也不會下太多籌碼。

算牌是最單純的作法，先不下太多籌碼，計算一直出現的牌面，當人頭與A出現的機率達到一定程度以上才下大注。

如此一來，就能在只對自己有利的時候下大注，從長遠的角度來看，一定能贏錢。

但如今已禁止算牌，萬一做得太明顯，一定會馬上被識破，變成拒絕往來戶。

我的算牌法是，除了人頭和A以外，還會記住5和4、6的張數。

其實最重要的是還剩下幾張5，其次才是還剩下幾張4、6。

我也無法正確的記住張數，只能記住5和4、6出現的次數比平均多還少。只是用加法或減法計算牌面會變得非常好，還是變得不大好而已，不需要用到太多的記憶力。

事實上，當局勢對自己有利時，我也想多下一點注，但這麼一來會被看穿我算牌的事，所以只好改弦易轍，改變玩法的積極性。趁局勢對自己有利的時候，積極的補牌或雙倍下注；不利的時候，則採取消極的玩法。

光是這樣就能贏，屬於毫不費力的算牌法，但這樣反而比算得滴水不漏的人更容易贏錢。

我去韓國的華克山莊是因為真的很好玩，但是自從被列為拒絕往來戶以後，我幾乎再也沒去過別的賭場玩二十一點。

東證是最吸引人的賭場

我去澳門賭過撲克牌。在撲克室裡，賭桌依賠率分開，我總是坐在賠率最高的賭桌前。同一張賭桌圍著九到十個人，所有人的籌碼加起來從一億圓到兩億圓不等，全都堆在賭桌上。

我總是只帶一點點籌碼進場，大約是十萬元港幣（約一百五十萬圓）。雖然多帶一點籌碼，跟大老闆們對賭也很有趣，但是以少許籌碼進場比較有利。因為帶太多籌碼進場會被大家當肥羊宰。

我曾經在撲克室裡遇見過某位大明星，因為他的跟牌下注率高達百分之七十～八十（一般只有百分之二十以下），所以職業撲克好手就像獨角仙看到蜜一樣全都圍上去，我心想這位明星這下要輸慘了。

當時我也經常看到現任北韓最高領導人金正恩，同父異母的已故兄長金正男，大概每去三次就能看到他一次。他一向都坐在賠率比我還低的賭桌上，所以我們只同桌過一、兩次。他完全融入在周圍的人群裡，總是笑瞇瞇的，玩得很開心。會來這種場所的人，身邊通常每次都會跟著不同女性，但他始終帶著同一位女伴，不會擺架子，對賭場的工作人員也很客氣，給人感覺非常好。或許也正因為如此，他才會被視為眼中釘，慘遭殺害也說不定。

我對非法的賭博絲毫不感興趣，因為就算贏了幾千萬、幾億、幾十億，也不保證對方會付錢。公平性既無法取信於人，也有觸法風險。

我並不是那種奉公守法、道德觀強烈的人，只是從效率的角度來看，我對不合法的事情沒興趣。

從宏觀的角度來看，不合法的事也意味著有高度風險，我不想背負那樣的風險。

我繳的稅是別人的好幾倍，所以才能在東證這個日本最大的賭場全力以赴。

還有，我對俄羅斯輪盤或吃角子老虎這種充滿偶然性的遊戲不感興趣，因此就算日本成立賭場，我也不會去，我只對撲克室感到好奇。

由於二十一點與撲克的技術介入程度（自己的技術對期待值帶來的影響）愈高愈容易贏錢，所以學習的過程很開心，而無法讓我樂在其中的遊戲我都不想碰。

百家樂固然也能從技術角度切入，但有機會獲勝的瞬間稍縱即逝，要是有攻略法的話還可以學習，可是因為賭場的遊戲規則已經非常成熟，很難在技術介入的程度上再加上期待值。

我不想把錢，賭在機率上對自己不利的遊戲上。

因此還是股市最理想。玩股票可以是工作，也可以是興趣，還可以是遊戲。

其他興趣或遊戲很難變成工作，但是玩股票可以，只要玩法高明，財富也會增加。

股市，永遠能學到最新、最先進的學問，同時也是一種經濟活動。

因為無法預測未來，所以是一種極致的「不完全訊息對局」。

每天做的事都是一種學習，都會變成自己的實力，也會變成收入。

沒有人能保證學習就能戰勝股市，這是好事，也是壞事。

能不能賺到錢，看的是綜合性的實力，這也是股票這個遊戲好玩的地方。

只要有十萬圓左右的資金就能進場。

即使聰明絕頂，也不見得能戰勝股市。

迅速的判斷與行動力也很重要。

還有從人脈、資訊、調度資金的能力等四面八方的角度展開的策略。因為是靠這些綜合性實力決勝負，遊戲才能愈玩愈大，再也沒有規模比股市更大的遊戲了。

為了賺錢，方法千奇百怪，不一而足。

有像我這種專門靠當沖賺錢的人，也有開公司上市從投資人手中募集資金的人。

資本主義，或許是人類歷史上發明的最好玩的遊戲。

國家圖書館出版品預行編目（CIP）資料

主力的思維：日本神之散戶 cis，發一條推特就能撼動日經指數！ / cis 著 . -- 初版 . -- 臺北市：樂金文化出版：方言文化發行，2019.12
256 面；14.8×21 公分
ISBN 978-986-98151-4-7（平裝）
1. 股票投資 2. 投資技術 3. 投資分析
563.53　108017524

主力的思維

日本神之散戶 cis，發一條推特就能撼動日經指數！

一人の力で日経平均を動かせる男の投資哲学

作　　者　cis
譯　　者　賴惠鈴

編輯協力　林映華、黃愷翔、許訓彰
總 編 輯　陳雅如
企劃主任　徐緯程
業 務 部　葉兆軒、林子文
管 理 部　蘇心怡

封面設計　張天薪
內頁設計　綠貝殼資訊有限公司

出版製作　樂金文化
發　　行　方言文化出版事業有限公司
劃撥帳號　50041064
通訊地址　10045 台北市中正區武昌街一段 1-2 號 9 樓
電　　話　(02)2370-2798
傳　　真　(02)2370-2766

定　　價　新台幣 380 元，港幣定價 152 元
初版一刷　2019 年 12 月
二版三十刷　2021 年 1 月
I S B N　978-986-98151-4-7

HITORI NO CHIKARA DE NIKKEIHEIKIN O UGOKASERU OTOKO NO TOSHITETSUGAKU

First published in Japan in 2018 by KADOKAWA CORPORATION, Tokyo.
Complex Chinese translation rights arranged with KADOKAWA CORPORATION, Tokyo through CREEK & RIVER Co., Ltd.

樂金文化　方言出版集團
BABEL PUBLISHING GROUP